百年大党风华正茂　兴党强党领航中国

兴党强党 砥砺前行

张福俭 ◎ 主编

人民东方出版传媒
东方出版社

图书在版编目(CIP)数据

兴党强党　砥砺前行 / 张福俭主编. —北京：东方出版社，2021.8
ISBN 978-7-5207-2257-5

Ⅰ.①兴… Ⅱ.①张… Ⅲ.①中国共产党—党的建设—研究 Ⅳ.①D26

中国版本图书馆 CIP 数据核字(2021)第 132866 号

兴党强党　砥砺前行
（XINGDANG QIANGDANG DILI QIANXING）

主　　编：	张福俭
责任编辑：	张洪雪　杭　超
出　　版：	东方出版社
发　　行：	人民东方出版传媒有限公司
地　　址：	北京市西城区北三环中路6号
邮　　编：	100120
印　　刷：	三河市众誉天成印务有限公司
版　　次：	2021年8月第1版
印　　次：	2021年8月北京第1次印刷
开　　本：	710毫米×1000毫米　1/16
印　　张：	14
字　　数：	175千字
书　　号：	ISBN 978-7-5207-2257-5
定　　价：	48.00元
发行电话：	(010)85924663　85924644　85924641

版权所有，违者必究
如有印装质量问题，我社负责调换，请拨打电话：(010)85924725

前　言

办好中国的事情，关键在党。一个拥有480多万个基层党组织、9500多万名党员、在14亿多人口的发展中大国连续执政70多年的世界第一大党，以实现最广大人民根本利益和人的全面而自由的发展为宗旨且肩负着民族复兴和国家建设的重大使命的政党，不仅在数量上最为庞大，在力量上也必须最强大。

作为百年大党，中国共产党的大党样子和强党气象不是从天上掉下来的，不是他人赐予的，而是科学遵循和运用共产党建设规律的客观反映和自然体现。从南湖红船烟雨到井冈星星之火，从西柏坡进京赶考到天安门庄严宣告，从"在南海边上画了个圈"到走向世界的"一带一路"，从矢志中华民族伟大复兴到擘画人类命运共同体伟大愿景，中国共产党成立以来坚毅前行、久久为功，发扬永远奋斗的政党精神，锤炼出政党之伟大、政党之强大、政党之先进、政党之优秀，浓墨重彩书写了一个大党、强党的样子。在全面建成小康社会、实现第一个百年奋斗目标之后，我们要乘势而上开启全面建设社会主义现代化国家新征程、向第二个百年奋斗目标进军，必须全面加强党的领导和党的建设，不忘初心、牢记使命，深入推进自我革命，把党建设得更加坚强有力。

行百里者半九十。以习近平同志为核心的党中央始终保持高度的战略清醒。习近平总书记特别强调："现在更需要'愈大愈惧，愈强愈恐'的态度，切不可在管党治党上有丝毫松懈。"[①]"我们党要搞好自身建设，真正成为世界上最强大的一个政党。"[②] 这里的"真正"两个字，字字千钧，

[①]《习近平关于全面从严治党论述摘编》，中央文献出版社2016年版，第8页。
[②]《十八大以来重要文献选编》（下），中央文献出版社2018年版，第177页。

表明了中国共产党在"百炼成钢"上的意志和决心。

党的十八大以来,以习近平同志为核心的党中央带领全党全国各族人民大气魄治党治国治军、大视野运筹国际国内大局、大手笔推动改革发展稳定,开辟了治国理政新境界,开创了党和国家事业发展新局面,谱写了坚持和发展中国特色社会主义新篇章。在这个过程中,党中央推动全面从严治党不断向纵深发展,以自我革命的政治勇气大力解决党自身存在的突出问题,抓思想从严、抓管党从严、抓执纪从严、抓治吏从严、抓作风从严、抓反腐从严,推动管党治党真正从宽松软走向严紧硬,做到管党有方、治党有力、建党有效,有力有效回答了20世纪末邓小平同志关于"这个党该抓了,不抓不行了"的政治交代。党的十八大以来取得的管党治党成效是前所未有的,党的创造力、凝聚力、战斗力显著增强,党的团结统一更加巩固,党群关系明显改善,党在革命性锻造中更加坚强,焕发出新的强大生机活力,为党和国家事业发展提供了坚强政治保证。

关山万千重,山高人为峰。作为一个拥有9500多万名党员的百年大党,党的建设关系重大、决定全局。本书以习近平新时代中国特色社会主义思想为指导,全面深入贯彻新时代党的建设新纲领新部署新举措,将党的十八大以来全面从严治党的恢宏气象和生动范式呈现出来,内容包括坚持和加强党的全面领导、贯彻新时代党的建设总要求、把政治建设摆在首位、坚定理想信念、坚持思想建党和理论强党、贯彻新时代党的组织路线、整肃党风党纪、标本兼治反腐败、坚持制度治党和依规治党、提高本领能力、勇于自我革命、坚守初心使命十二个方面,既有理论高度,又有实践广度,鲜明表达了中国共产党推进党的建设新的伟大工程的崇高志向和远大追求。

"长风破浪会有时,直挂云帆济沧海。"党的建设永远在路上,一刻不能松,半步不能退。我们要以更大的决心和勇气抓好党的自身建设,坚定不移走好新时代兴党强党之路,确保党始终成为中国特色社会主义事业的坚强领导核心,始终成为中国人民和中华民族的主心骨,引领承载着中国人民伟大梦想的航船破浪前进,胜利驶向民族复兴的光辉彼岸。

目 录

第一章 坚持和加强党的全面领导——确保党始终成为坚强领导核心 / 1

    一、党的领导是中国特色社会主义最本质的特征和最大优势 / 1

    二、党是最高政治领导力量 / 5

    三、坚持党对一切工作的领导 / 11

    四、发挥党总揽全局、协调各方的领导核心作用 / 14

第二章 贯彻新时代党的建设总要求——推动党在革命性锻造中更加坚强 / 18

    一、党的建设是我们党不断取得胜利的重要法宝 / 18

    二、准确把握新时代党的建设总要求 / 20

    三、新时代党的建设总要求的重大意义 / 28

第三章 把政治建设摆在首位——党的政治建设是党的根本性建设 / 32

    一、旗帜鲜明讲政治 / 32

    二、坚决维护党中央的核心、全党的核心 / 37

    三、坚决维护党中央权威和集中统一领导 / 40

    四、严肃认真开展党内政治生活 / 45

    五、发展积极健康的党内政治文化 / 50

第四章 实践信仰，知行合一——革命理想高于天 / 56
一、铸魂"补钙"，强筋壮骨 / 57
二、理想信念来自对马克思主义科学真理的牢牢把握 / 62
三、把远大理想和共同理想统一起来 / 65
四、把坚定共产主义信仰体现在实际行动中 / 68

第五章 思想建党、理论强党——用党的创新理论武装全党 / 73
一、思想建党、理论强党的重大意义 / 73
二、思想建党、理论强党的要求 / 77
三、用习近平新时代中国特色社会主义思想武装全党 / 82

第六章 加强党的组织建设——切实践行新时代党的组织路线 / 92
一、深刻理解新时代党的组织路线 / 93
二、锻造党的坚强组织体系 / 97
三、抓好执政骨干队伍和人才队伍建设 / 100
四、抓好党的组织制度建设 / 102

第七章 整肃党风党纪——持之以恒正风肃纪 / 106
一、锲而不舍落实中央八项规定精神 / 106
二、弛而不息整治"四风"问题 / 111
三、严明纪律，管党治党走向"严紧硬" / 114
四、重点强化政治纪律和政治规矩 / 120

第八章 标本兼治反腐败——巩固发展反腐败斗争压倒性胜利 / 126
一、跳出历史周期率 / 126
二、坚定不移"打虎""拍蝇""猎狐" / 132

三、推进反腐败国家立法　　／136
　　四、构建一体推进不敢腐、不能腐、不想腐的体制机制　　／141

第九章　制度治党，依规治党——扎紧织密管党治党制度笼子　　／148
　　一、把制度建设贯穿党的各项建设之中　　／148
　　二、制度治党，全面从严治党的治本之举　　／152
　　三、推进党内法规的体系化建设　　／156

第十章　提高本领能力——既要政治过硬，也要本领高强　　／160
　　一、掌握马克思主义思想方法和工作方法　　／160
　　二、全面增强八项本领　　／171
　　三、着力锤炼七种能力　　／182

第十一章　勇于自我革命——永葆先进政党的红色基因　　／186
　　一、自我革命是党最鲜明的品格　　／186
　　二、我们党百年奋斗历程的经验结晶　　／190
　　三、一以贯之推进新时代党的自我革命　　／192

第十二章　坚守初心使命——涵养使命政党的精神气象　　／198
　　一、不忘初心，永葆共产党人的蓬勃朝气　　／198
　　二、牢记使命，做新时代先锋模范　　／202
　　三、把不忘初心、牢记使命作为加强党的建设的永恒课题　　／207

第一章　坚持和加强党的全面领导——确保党始终成为坚强领导核心

中国特色社会主义最本质的特征是中国共产党领导，中国特色社会主义制度的最大优势是中国共产党领导。党政军民学，东西南北中，党是领导一切的。办好中国的事情，关键在党。进入新时代、踏上新征程，只有坚持和加强党的全面领导，不断增强党的创造力、凝聚力、战斗力，确保党始终成为中国特色社会主义事业的坚强领导核心，才能更好凝聚起同心共筑中国梦的磅礴力量，开创中华民族更加美好的未来。

一、党的领导是中国特色社会主义最本质的特征和最大优势

坚持党的领导，是党和国家的根本所在、命脉所在，是全国各族人民的利益所系、幸福所系。党的十九大报告指出，要"坚持党对一切工作的领导"，并把它作为新时代坚持和发展中国特色社会主义基本方略的第一条，而且明确指出"中国特色社会主义最本质的特征是中国共产党领导，中国特色社会主义制度的最大优势是中国共产党领导"。深刻把握这一重要论断，对加强和改进党的领导，推进中国特色社会主义伟大事业具有重要意义。

（一）坚持党的领导，是历史的必然、人民的选择

坚持党的领导，是历史的必然、人民的选择。中国共产党的领导地位不是自封的，而是中国人民在长期奋斗中得出的基本结论。

中华民族有五千多年的文明历史，为人类进步与发展作出了卓越贡献。鸦片战争后，中国陷入内忧外患的黑暗境地，中国人民经历了战乱频仍、山河破碎、民不聊生的深重苦难。为了民族复兴，无数仁人志士"以爱国相砥砺，以救亡为己任"，不屈不挠、前仆后继，进行了可歌可泣的斗争，进行了各式各样的尝试。不甘屈服的中国人民一次次抗争，一次次失败，又一次次奋起。历史在呼唤真正合格的使命担当者。在历史的反复比较中，在各种政治力量的反复较量中，在马克思列宁主义同中国工人运动的结合过程中，中国共产党应运而生。我们党一经成立，就义无反顾地肩负起实现中华民族伟大复兴的历史使命。

我们党团结带领人民进行了28年浴血奋战，打败了日本侵略者，打败了国民党反动派，推翻了帝国主义、封建主义、官僚资本主义统治，完成了新民主主义革命，建立了中华人民共和国，实现了中国从几千年封建专制政治向人民民主制度的伟大飞跃，为中华民族伟大复兴扫清了根本障碍。

我们党团结带领人民完成社会主义革命，确立社会主义基本制度，推进社会主义建设，完成了中华民族有史以来最为广泛而深刻的社会变革，实现了中华民族由近代不断衰落到根本扭转命运、持续走向繁荣富强的伟大飞跃，为中华民族伟大复兴奠定了坚实基础。

我们党团结带领人民进行改革开放新的伟大革命，开辟了中国特色社会主义道路，极大激发了广大人民群众的创造性，极大解放和发展了社会生产力，极大增强了社会发展活力，使中国大踏步赶上时代，迎来了中华民族从站起来、富起来到强起来的伟大飞跃，为中华民族伟大复兴开辟了光明前景。

回顾近代以来的中国历史，正是有了中国共产党，才改变了中国人民的命运，创造了中华民族新辉煌。为了实现中华民族伟大复兴的历史使命，一代又一代中国共产党人同中国人民接续奋斗，攻克了一个又一个看似不可攻克的难关，创造了一个又一个彪炳史册的人间奇迹。[①] 历史已经证明并将继续证明，中国共产党的领导是党和国家的根本所在、命脉所在，是全国各族人民的利益所系、幸福所系。

（二）党的领导是中国特色社会主义最本质的特征和最大优势

中国共产党的领导是中国特色社会主义最本质的特征，是中国特色社会主义制度的最大优势。为什么中国共产党的领导是"最本质的特征"？首先，党的领导是中国特色社会主义形成和发展的前提基础。中国特色社会主义虽然是在党的十一届三中全会以后改革开放的实践中逐步形成与发展的，但并不是无本之木、无源之水，新中国的成立为其奠定了根本性的政治前提，社会主义改造为其奠定了经济制度基础，社会主义建设的探索为其积累了丰富的经验教训。新中国成立后，在党的领导下，我们国家完成了对农业、手工业和资本主义工商业的社会主义改造，完成了从新民主主义到社会主义的过渡，确立了社会主义基本制度。在整个社会主义革命与建设时期，党领导人民进行了艰辛探索，尽管经历了严重曲折，但这一时期的探索为在新的历史时期开创中国特色社会主义提供了宝贵经验、理论准备和物质基础。其次，党的领导是中国特色社会主义最核心、最本质的因素。党的十一届三中全会实现了新中国成立以来党的历史上具有深远意义的

[①] 参见何毅亭：《新时代中国共产党的历史使命》，《人民日报》2017年11月28日。

伟大转折，开启了改革开放和社会主义现代化建设新时期。以思想解放为前提，基于初级阶段的基本国情，对内改革，对外开放，赋权于民，致力于调动社会成员的积极性与首创精神，致力于大力解放和发展生产力、提高人民生活水平，致力于实现社会主义现代化，区别于传统模式的中国特色社会主义由此得以开创。历经四十余年，中国特色社会主义已经发展为道路、理论、制度、文化四位一体的恢弘事业。改革开放以来的历史充分证明，没有共产党的卓越领导，既不可能有持续的理论创新，也不可能有不断的实践进步，中国特色社会主义既不会开创，更谈不上发展。要从根本上保证中国特色社会主义不变色、不变质，必须毫不动摇地坚持党的领导。因此，对于中国特色社会主义而言，党的领导并非一个变量，而是一个常量，并且是最为关键、最为核心、最为内在、最为本质的因素与常量。

为什么中国共产党的领导是"最大优势"？西方之乱和中国之治的鲜明对比就很能说明问题。我们坚持发挥党总揽全局、协调各方的领导核心作用，有效防止了群龙无首、一盘散沙的现象；我们坚持一切权力属于人民，有效防止了西方政界选举时漫天许诺、选举后无人过问的现象；我们坚持和完善民主集中制，有效防止了相互掣肘、内耗严重的现象。一直以来，总有人竭力鼓吹西方模式，主张照抄照搬别国制度，妄图削弱乃至动摇党的领导。我们却始终保持政治定力，牢牢坚持党对一切工作的领导，用"风景这边独好"的中国奇迹宣告了"历史终结论"的破产。这就是为什么在谈到新的历史条件下科学社会主义基本原则的具体体现时，习近平总书记一再强调，首要的一条，就是中国共产党的领导。党的十八大以来，以习近平同志为核心的党中央果断提出坚持和改善党的领导的重大政治要求，改革和完善党的领导体制机制，增强了全党思想上的统一、政治上的团结、行动上的一致，为党和国家事业发展提供了坚强政治保证。

二、党是最高政治领导力量

习近平总书记在党的十九大报告中阐述新时代中国特色社会主义思想"八个明确"的最后一条时,鲜明作出"党是最高政治领导力量"的重大论断,科学概括了中国共产党在整个国家的根本地位和无可替代的领导作用,充分彰显了中国共产党高度的政治自信和强烈的政治担当,旗帜鲜明地宣示了只有中国共产党才能肩负起带领中国人民实现中华民族伟大复兴的历史使命。

(一)坚持党的领导,是当代中国的最高政治原则

中国共产党的领导,是历史的必然、人民的选择。坚持党的领导,是当代中国的最高政治原则。党的十八大以来,习近平总书记始终强调党的领导,越讲越坚决、越讲越深刻。2016年7月,他在庆祝中国共产党成立95周年大会上,首次强调中国特色社会主义最本质的特征和中国特色社会主义制度的最大优势是中国共产党领导,用"两个最"深刻总结了历史和实践经验,阐明了党的领导的根本性地位和作用。同年10月,习近平总书记在纪念红军长征胜利80周年大会上重申了中国特色社会主义最本质的特征和中国特色社会主义制度的最大优势是党的领导,并在此基础上强调党的领导是"中国革命、建设、改革不断取得胜利最根本的保证",从"两个最"拓展到"三个最",丰富了党的领导地位和作用的内涵。党的十九大报告再次重申了前"两个最",并首次提出"党是最高政治领导力量"的全新论断。可以说,这一个"最"是对党的领导性质、地位和作用的科学准确概括,体现了我们党对党的建设规律、社会主义建设规律认识的深化,彰显了党的领导的极端重要性。最高政治领导力量的"最高"一词,

表明在当今中国,没有高于中国共产党的政治力量或其他什么力量,也没有一种政治势力或政党组织能同中国共产党这支不可战胜的强大力量相提并论。①

(二) 党是最高政治领导力量,是应对国内外复杂形势的"定海神针"

先进性是马克思主义政党的本质属性,是马克思主义政党的生命所系、力量所在。马克思主义政党具有先进的理论指导,由先进分子组成,拥有远大理想和崇高奋斗目标,代表了最广大人民的根本利益。在革命时期,伴随着马克思主义先进性日益体现,由小变大、由弱变强,最终在革命联盟、本阶级和群众运动中掌握领导权,成为"无产者的阶级联合的最高形式";执政以后,马克思主义政党同国家政权发生联系,同无产阶级的其他组织如工会、青年组织、妇女组织以及经济、科学、文化、教育等组织发生联系,正确处理党和国家机关以及与非党组织的关系就成为无产阶级专政的重要内容。在当代中国,没有什么政治力量高于中国共产党,党是最高政治领导力量。

党的十九大报告指出,中国特色社会主义进入新时代,意味着近代以来久经磨难的中华民族迎来了从站起来、富起来到强起来的伟大飞跃,迎来了中华民族伟大复兴的光明前景。今天,我们比历史上任何时期都更接近、更有信心和能力实现中华民族伟大复兴的目标,但是我们也要认识到,中华民族伟大复兴绝不是敲锣打鼓、轻轻松松就能实现的,在实现"两个阶段性目标"的新长征路上,还有许多"雪山""草地"需要跨越,还有许多"娄山关""腊子口"需要征服,特别是如何统筹推进"五位一体"整体布局、协调推进"四个全面"战略布局,如何贯彻落实新发展理念,这些都需要党谋篇布局、把握方

---

① 参见《党是最高政治领导力量》,《中国纪检监察》2018年第3期。

向、化解矛盾、狠抓落实。从外部环境看，中国正在迈入由富起来走向强起来新的历史征程，全国人民正在党的领导下聚积新的力量再出发。中国的影响力越大，世界就会越关注中国。应该说，当前及今后我国和平发展面临的国际环境依然严峻复杂，一些国际因素还可能演变为局部的安全问题，影响我国总体安全。面对这些挑战，我国必须积极参与全球治理体系建设，与世界各国一道构建人类命运共同体。而要成功实现这一目标，最根本的一条，就是把党的最高政治领导力量变成应对一切外部和内部矛盾、风险和挑战的"定海神针"。当今世界，国与国的竞争既是实力的竞争，更是政治制度的竞争，也可以说是国家组织力量的竞争。[①] 中国共产党是中国最高政治领导力量，也只有中国共产党才能领导中国为构建人类命运共同体贡献中国智慧、中国力量，为人类进步事业不断创造新成就。

（三）中国共产党如何巩固和保持最高政治领导力量的地位不动摇

中国共产党久经考验，靠奋斗和牺牲取得了辉煌的成就，成为最高政治领导力量，也能够靠奋斗和牺牲去夺取未来更多辉煌的成就，巩固和保持最高政治领导力量的地位不动摇。

基本途径是加强政治建设、提高政治能力。旗帜鲜明讲政治是我们党作为马克思主义政党的根本要求。党的政治建设是党的根本性建设，决定党的建设的方向和效果，事关统揽推进伟大斗争、伟大工程、伟大事业、伟大梦想。政治建设抓好了，党的建设就有了根本和灵魂。没有政治建设做保证，党在新时代就没有资格和能力做到统揽推进伟大斗争、伟大工程、伟大事业、伟大梦想。特别是对长期执政的马克思主义政党来说，如果做不到政治过硬，就无法做到本领高

---

① 参见《党的领导是党和国家的根本和命脉——写在中国共产党成立97周年之际》，《解放军报》2018年6月29日。

强，就会遭遇政治风险和执政危险。加强党的政治建设，一定要在坚定政治信仰、强化政治领导、严明政治纪律、规范政治生活、净化政治生态等方面着力，不断提高全党首先是各级领导层的政治能力。什么是政治能力？习近平总书记明确指出，政治能力就是把握方向、把握大势、把握全局的能力，就是保持政治定力、驾驭政治局面、防范政治风险的能力。这一重要论述是对政治能力丰富内涵的集中概括，为领导干部提高政治能力提供了根本遵循。深入理解这一重要论述，很重要的就是提高政治站位、政治觉悟，增强政治定力、政治担当，做政治上的明白人。每一名领导干部，都应当深刻认识提高政治能力的时代内涵和实践指向，坚守党的政治理想，把"四个自信"融入灵魂和血液，做马克思主义的坚定信仰者；注重提高政治上的洞察力、判断力，在事关政治原则的重大问题上，脑子要特别清醒、眼睛要特别明亮、立场要特别坚定；面对大是大非敢于亮剑、面对矛盾敢于迎难而上、面对危机敢于挺身而出、面对失误敢于承担责任、面对歪风邪气敢于坚决斗争，先之劳之、当好表率，履行好党和人民赋予的责任。

关键举措是完善坚持党的领导的体制机制。加强党的全面领导，更好发挥党作为最高政治领导力量的作用，必须靠体制机制来保障。而党的领导的体制机制，集中体现在党的领导制度体系中。正因为如此，党的十九届四中全会为贯彻"坚持党对一切工作的领导"的基本方略，专门就"坚持和完善党的领导制度体系"问题作出重要部署。党的十九届四中全会通过的《中共中央关于坚持和完善中国特色社会主义制度、推进国家治理体系和治理能力现代化若干重大问题的决定》（以下简称《决定》）着眼于健全总揽全局、协调各方的党的领导制度体系，突出党的领导制度在国家治理体系当中的统摄性地位，提出了如下六个方面的要求。（1）建立不忘初心、牢记使命的制度，以确保全党遵守党章，恪守党的性质和宗旨，坚持用共产主义远大理想和中国特色社会主义共同理想凝聚全党、团结人民，用习近平新时代中国特色社会主义思想武装全党、教育人民、指导工作，夯实党执政的思想基础。（2）完善坚定维护党中央权威和集中统一领导的各项制度，以推动全党增强"四个意识"、坚定"四个自信"、做到"两个维护"，自觉在思想上政治上行动上同党中央保持高度一致，坚决把维护习近平总书记党中央的核心、全党的核心地位落到实处；健全党中央对重大工作的领导体制，强化党中央决策议事协调机构职能作用，完善推动党中央重大决策落实机制，严格执行向党中央请示报告制度；健全维护党的集中统一的组织制度，形成上下贯通、执行有力的严密体系，实现党的组织和党的工作全覆盖。（3）健全党的全面领导制度，完善党领导人大、政府、政协、监察机关、审判机关、检察机关、武装力量等制度，健全各级党委（党组）工作制度，确保党在各种组织中发挥领导作用；完善党和国家机构职能体系，把党的领导贯彻到党和国家机构履行职责全过程，推动各方面协调行动、增强合力。（4）健全为人民执政、靠人民执政各项制度，把尊重民意、汇集民智、凝聚民力、改善民生贯穿于党治国理政全部工作之中，巩固党执政的阶级基础，厚植党执政的群众基础，保证人民在国家治理中的主体地位。（5）健全提高党的执政能力和领导水平制度，要坚持民主集中制，完善发展党内民主和实行正确集中的相关制度，提高党把方向、谋大局、定政策、促改革的能力，要健全决策机制，改进党的领导方式和执政方式，增强各级党组织政治功能和组织力，完善担当作为的激励机制，提高各种领导本领。（6）完善全面从严治党制度，坚持党要管党、全面从严治党，增强忧患意识，不断推进党的自我革命，永葆党的先进性和纯洁性，贯彻新时代党的建设总要求，深化党的建设制度改革，坚持依规治党，建立健全以党的政治建设为统领，全面推进党的各方面建设的体制机制，不断增强党的创造力、凝聚力、战斗力，确保党始终成为中国特色社会主义事业坚强领导核心。①这六个方面的制度，构成坚持和完善党的全面领导的完整制度体系，必须始终坚持好、巩固好，不断发展好、完善好。

重要法宝是驰而不息进行自我革命。中国共产党领导革命、建设、改革的伟大征程必须进行自我革命，把新时代坚持和发展中国特色社会主义这场伟大革命胜利推向前进仍然必须进行自我革命，敢于刀刃向内，敢于刮骨疗毒，敢于壮士断腕，同一切影响党的先进性、弱化党的纯洁性的问题作坚决斗争。"能胜强敌者，先自胜者也。"中国特色社会主义进入新时代，我们党面临的执政环境和执政条件发生了很大变化，党面临的"四大考验""四种危险"是长期的、复杂的、严峻的。形势越复杂，挑战越严峻，任务越繁重，我们党越要高度重视自身建设、越要大力发扬自我革命精神。这就要求我们把坚定理想信念作为根本任务，同时强化宗旨意识，开展积极健康的思想斗争，涤荡思想上的尘埃污垢，拧紧世界观、人生观、价值观这个"总开关"，补足精神之"钙"，筑牢思想之"魂"，始终牢记党的初心和使命，以"永远在路上"的执着定力，以"没有完成时"的韧劲毅力，把党的伟大自我革命进行到底，努力把党建设成为始终走在时代前列、人民衷心拥护、勇于自我革命、经得起各种风浪考验、朝气蓬勃的马克思主义执政党，把中国特色社会主义伟大事业推向前进。

在当代中国，没有任何政党和政治组织比得上中国共产党的先进性，也没有任何政党和政治组织比得上中国共产党的坚强有力，更没有任何政党和政治组织比得上中国共产党为中国人民谋幸福、为中华民族谋复兴的历史担当。只有中国共产党，最有资格成为中国最高政

---

① 参见徐光春：《新时代坚持和完善党的领导制度体系》，《红旗文稿》2020年第11期。

治领导力量。中国共产党立志于中华民族千秋伟业，百年恰是风华正茂。人民的幸福、国家的前途、民族的未来、文明的赓续，寄望于中国共产党充分发挥最高政治领导作用。

三、坚持党对一切工作的领导

坚持党对一切工作的领导，是习近平新时代中国特色社会主义思想的重要论断。党的十八大以来，党和国家各项事业之所以开创新局、谱写新篇，最根本的一点在于坚持了党对一切工作的领导。党的十九大将"党政军民学、东西南北中，党是领导一切的"写入党章，进一步强调了"党是领导一切的"这个本质性规定。

（一）坚持党对一切工作的领导，是马克思主义政党性质的内在要求

先进性和纯洁性是马克思主义政党的本质属性，也是马克思主义政党对一切工作进行领导的理论逻辑。马克思指出，无产阶级政党"应该使自己的每一个支部都变成工人协会的中心和核心"[1]。毛泽东同志根据马克思主义基本原理指出："党是无产阶级的先锋队和无产阶级组织的最高形式，他应该领导一切其他组织，如军队、政府与民众团体。"[2] 这就意味着，党对各领域、各方面、各环节的工作都要进行领导。哪个领域、哪个方面、哪个环节缺失了、弱化了，都会削弱党的力量，损害党和国家的事业。特别是在意识形态工作、军队工作等方面，更要牢牢把领导权。在大革命时期，陈独秀等党的早期领导人对政治斗争的经验不足，没有对掌握军队领导权予以足够的重视，

---

[1] 《马克思恩格斯全集》第十卷，人民出版社1998年版，第390页。
[2] 《建党以来重要文献选编（一九二一——一九四九）》第十九册，中央文献出版社2011年版，第423页。

导致革命蒙受重大损失。毛泽东同志在总结教训的基础上,提出了"枪杆子里出政权"的口号,通过三湾改编,创造性地"把支部建在连上",强化党对军队的领导,大大提高了军队的组织性和战斗力,最终建立了井冈山革命根据地,有力推进了中国革命事业的发展。而东欧剧变、苏联解体,从内部因素来看,一个很直接的原因是苏联共产党丧失了对于意识形态工作的领导权,导致党内国内思想混乱、人心涣散。这方面的教训我们必须深刻铭记。

(二)坚持党对一切工作的领导,是推进伟大事业的根本保证

建设中国特色社会主义事业,是一项充满艰辛、充满创造的壮丽事业。党的十九大提出在全面建成小康社会的基础上,分两步走在本世纪中叶建成富强民主文明和谐美丽的社会主义现代化强国。这是新时代中国特色社会主义发展的战略安排。推进新时代中国特色社会主义发展的战略安排,我们面临着新的时与势。从国际上看,当今世界正发生百年未有之大变局。世界多极化、经济全球化、社会信息化、文化多样化深入发展,国际体系和国际秩序深度调整,但不稳定不确定因素明显增多,贸易保护主义、孤立主义和民粹主义等思潮不断抬头。美国等西方国家对我国战略上遏制和围堵、经济上挑起贸易争端、意识形态上渗透破坏,使我国面临更加复杂的安全和发展形势。从国内来看,当前我国经济发展正经历着深刻的阶段性变化,虽然发展的基本面长期向好,但也面临诸多前进中的困难。在新发展阶段,我国继续发展具有多方面的优势和条件,但发展不平衡不充分问题仍然突出,人民日益增长的美好生活需要还不能得到充分满足。进入高质量发展阶段,发展的任务越来越重,需要解决的问题越来越多样、越来越复杂,我们面临许多前所未有的困难和挑战。团结出凝聚力、战斗力、创造力,全党全国人民在党的领导下的大团结是推进中国特

色社会主义事业的根本保证。只有坚持党对一切工作的领导，加强党中央权威和集中统一领导，实现全党全国人民思想上的统一、政治上的团结、行动上的一致，形成有效应对重大挑战、抵御重大风险、克服重大阻力、解决重大矛盾的强大合力，才能不断推进中国特色社会主义伟大事业，实现中华民族伟大复兴的中国梦。

（三）坚持党对一切工作的领导的深层内涵

坚持党对一切工作的领导，第一层含义是"只有中国共产党才能领导好一切"。这个论断是经过无数次历史检验得出的科学结论，是"只有共产党才能救中国"的思想在新时代的表达。中国共产党一经成立，就把实现共产主义作为党的最高理想和最终目标，并把这一目标与中国实际相结合，具体化为实现中华民族伟大复兴的历史使命，为此党团结和带领中国人民进行了艰苦卓绝的斗争，付出了巨大的牺牲，最终攻克了一个又一个看似不可攻克的难关，创造了一个又一个彪炳史册的人间奇迹。由此，中国共产党深得民众拥护和信赖。也正因如此，党的十九大报告强调指出，中国特色社会主义最本质的特征是中国共产党领导，中国特色社会主义制度的最大优势是中国共产党领导，党是最高政治领导力量。

坚持党对一切工作的领导，第二层含义是"党的领导必须体现在一切工作中"。这里的"一切工作"指的是"党政军民学，东西南北中"全覆盖。因此，必须坚持党对经济、政治、文化、军队、社会、生态文明建设工作，对内政、外交、国防、民族等工作，对国家立法、行政、司法、监察机关的工作，对经济、文化、社会、群团等组织和党外群众工作的领导。也就是说，无论是哪一个行业、哪一个领域、哪一个地区，都要坚持党的领导，服从党的指挥，落实党的路线方针政策，任何工作不得以任何理由游离于党的领导之外，不能脱离党的领导。

坚持党对一切工作的领导，第三层含义是"坚持党的政治领导"。党进行政治领导的主要任务，一是把方向，即坚持以马克思主义为指导，坚持社会主义发展方向，坚持以人民为中心的价值立场；二是谋大局，从宏观和战略层面思考问题，协调各方力量，共谋发展大计；三是定政策，即把党的理念和民众的诉求相结合，转化为可操作的政策规章制度；四是促改革，根据时代的发展和形势的变化，发挥督促作用，推进改革创新。能否做好以上工作，是评价党领导得好不好的重要标准。

四、发挥党总揽全局、协调各方的领导核心作用

习近平总书记指出："我国社会主义政治制度优越性的一个突出特点是党总揽全局、协调各方的领导核心作用，形象地说是'众星捧月'，这个'月'就是中国共产党。"① 坚持党对一切工作的领导，最关键的就是要发挥党总揽全局、协调各方的领导核心作用。党总揽全局、协调各方的领导核心作用的充分发挥，不仅关系党领导经济社会发展能力的提高，还关系党的执政地位的巩固和增强。

（一）充分发挥各级党委领导核心作用、基层党组织战斗堡垒作用和党员先锋模范作用

充分发挥各级党委领导核心作用。党的十九大明确提出要提高党把方向、谋大局、定政策、促改革的能力和定力，坚持稳中求进工作总基调，统筹推进"五位一体"总体布局，协调推进"四个全面"战

---

① 《习近平关于社会主义政治建设论述摘编》，中央文献出版社2017年版，第31页。

略布局,确保党始终总揽全局、协调各方。对于各级党委来说,发挥党总揽全局、协调各方的领导核心作用,就是要当好党执政兴国的"一线指挥部",突出"牵头"和"抓总",要立足大局,集中主要精力抓住全局性、战略性、前瞻性的重大问题,有效实施党对经济建设、政治建设、文化建设、社会建设、生态文明建设以及国防和军队建设、外交、党的建设等各个领域的领导,保证党的理论和路线方针政策得到正确贯彻和全面落实;要统筹协调和处理好与人大、政府、政协等部门之间的关系,统筹安排好经济、组织、宣传、纪检、统战、政法等各个方面的工作,协调各种利益、理顺重大关系。党的各个部门都要对党委负责,自觉向党委报告重大工作和重大情况,在党委统一领导下,各司其职、各尽其责、相互配合,做好自身职责范围内的工作。

充分发挥党的基层组织的战斗堡垒作用和党员先锋模范作用。我们党是执政党,是中国特色社会主义事业的领导核心。实现党的领导,首先要靠制定正确的路线方针政策,而正确的路线方针政策的贯彻执行,则要靠各级党组织充分发挥作用来保证,最终要通过党的基层组织的大量工作,使之变为广大党员和群众的实际行动。党的基层组织分布在企业、农村、机关、学校、科研院所、街道社区、社会组织和其他基层单位。尽管这些基层单位的工作性质、领导体制有所不同,党的基层组织的具体职能、工作方法也不完全一样,但它们都是党在社会基层组织中的战斗堡垒,都要担负起宣传和执行党的路线方针政策的重要职责,都要团结和组织党内外干部与群众努力完成本单位的工作任务。党的基层组织的这种作用,是党的领导在社会基层组织中的具体体现,是其他任何社会组织都无法替代的。要适应新时代中国特色社会主义发展要求,牢牢把握基层党组织的定位和属性,使每个基层党组织都能履行好党的政治责任、发挥政治引领作用、成为坚强战斗堡垒，把广大群众团结在党的周围。另外，要充分发挥党员的先锋模范作用，教育引导党员牢固树立"四个意识"、始终坚定"四个自信"，坚决做到"两个维护"，全面贯彻执行党的理论和路线方针政策，不断增强把方向、谋大局、定政策、促改革的能力和定力。

（二）突出"制度"和"规范"，使党的领导核心作用发挥得更好

制度具有全局性、根本性、长期性、稳定性的特点。只有把党的领导更好地体现到治国理政各方面的制度安排、决策制定、体制运行之中，才能体现到管理经济社会发展各项事务之中，才能使党的领导核心作用发挥得更好。

进一步完善党总揽全局、协调各方的工作体制机制。在领导体制方面，强化党委的决策和监督作用，不断完善研究经济社会发展战略、定期分析经济形势、制定重大方针政策的工作机制。加强党的统一领导，统筹协调好与人大、政府、政协班子的关系，健全科学化、规范化、制度化机制，支持人大及其常委会依法履行职能；支持政府依法行政，加快转变职能，深化行政体制改革，集中精力抓好经济调节、市场监管、社会管理、公共服务和环境保护；支持政协加强政治协商、民主监督和参政议政。在工作机制方面，推动各级党委加强对全局工作的通盘考虑，合理划分工作层次、工作重点、工作职责，构建各方负责、分类实施的推进机制，努力形成同时发力、同向发力的"动车效应"，凝聚起共谋发展的强大合力。

健全完善科学有效的权力制约机制。着力构建决策科学、执行坚决、监督有力的权力运行体系，把权力关进制度的笼子里。加强和改进对领导干部行使权力的制约与监督，推行权力清单制度，保证权力不被滥用。实行决策、执行、监督职能相分离，对直接掌管人财物等部门和岗位的权力进行限制，压缩和规范各种权力的自由裁量空间，降低权力失控乃至腐败发生的概率。① 要构建党统一指挥、全面覆盖、权威高效的监督体系，把党内监督同国家机关监督、民主监督、司法监督、群众监督、舆论监督贯通起来，增强监督合力，真正做到让人民监督权力，为党总揽全局、协调各方健康运行提供坚强的政治保证。

构建坚强有力的工作落实机制。"一分部署，九分落实。""落实"二字频频出现于习近平总书记的讲话和文章中，绝非偶然。不落实，再好的蓝图只能是一纸空文，再美的夙愿只能是空中楼阁，再近的目标只能是镜花水月。发挥好党总揽全局、协调各方的领导核心作用，必须以健全机制为手段，从激励和约束两方面提升执行力，确保党的路线方针政策和各项决策部署贯彻落实到位。建立对各级领导干部尤其是一把手执行力的督导机制，严明督促检查、绩效考核和问责制度，强化考核结果运用，切实打通政令不畅的阻塞，决不允许"上有政策、下有对策"，决不允许有令不行、有禁不止。

---

① 参见《充分发挥党总揽全局协调各方的领导核心作用》，《求是》2016年第4期。

第二章　贯彻新时代党的建设总要求——推动党在革命性锻造中更加坚强

党的十九大报告指出:"中国特色社会主义进入新时代,我们党一定要有新气象新作为。打铁必须自身硬。党要团结带领人民进行伟大斗争、推进伟大事业、实现伟大梦想,必须毫不动摇坚持和完善党的领导,毫不动摇把党建设得更加坚强有力。"党的十九大报告同时提出了新时代党的建设总要求,对党的建设的方针、主线、总体布局、根本目标等作出战略部署,揭示了马克思主义执政党的本质要求,回答了新时代"建设什么样的党、怎样建设党"这一历史性课题。这对于实施党的建设新的伟大工程,团结带领人民进行伟大斗争、推进伟大事业、实现伟大梦想,具有极其重要的理论价值和现实意义。

一、党的建设是我们党不断取得胜利的重要法宝

回顾我们党 100 年的光辉奋斗历程,最为宝贵的一条历史经验,就是始终把党的建设作为克敌制胜的一个重要法宝。正因为如此,我们党才能够由小变大、由弱变强,发展成为一个拥有 9500 多万党员、在 14 亿多人口的大国长期执政的马克思主义政党,为国家、为人民、为民族创造了无数辉煌业绩。

所谓"法宝",是指能够从根本上解决问题、克敌制胜的武器。党的建设就是我们党带领全国各族人民,克服重重困难、不断从胜利走向胜利的有力武器。我们党自成立之日起,就十分重视加强自身建设。在领导中国革命、建设、改革的长期实践中,我们党根据所处的历史方位和所面临的中心任务的变化,创造性地运用马克思主义建党学说,不断加强和改进自身建设,不断保持和发展党的先进性,使党始终与时代发展同进步、与人民群众共命运,为我国相继实现从半殖民地半封建社会到民族独立、人民当家作主的新社会的历史性转变,从新民主主义革命到社会主义革命和建设的历史性转变,从高度集中的计划经济体制到充满活力的社会主义市场经济体制、从封闭半封闭到全方位开放的历史性转变提供了根本保证。事实充分证明,党的建设是党领导的伟大事业不断取得胜利的重要法宝,因此必须始终坚持和自觉加强党的建设。

"党和人民事业发展到什么阶段,党的建设就要推进到什么阶段。"这是加强党的建设必须把握的基本规律。中国特色社会主义进入新时代,我们党一定要有新气象新作为。打铁必须自身硬。党要团结带领人民进行伟大斗争、推进伟大事业、实现伟大梦想,必须毫不动摇坚持和完善党的领导,毫不动摇把党建设得更加坚强有力。全党要清醒地认识到,我们党面临的执政环境是复杂的,影响党的先进性、弱化党的纯洁性的因素也是复杂的,党内存在的思想不纯、组织不纯、作风不纯等突出问题尚未得到根本解决。要深刻认识党面临的执政考验、改革开放考验、市场经济考验、外部环境考验的长期性和复杂性,深刻认识党面临的精神懈怠危险、能力不足危险、脱离群众危险、消极腐败危险的尖锐性和严峻性,坚持问题导向,保持战略定力,推动全面从严治党向纵深发展。

党的十九大报告统揽"四个伟大",着眼于开启新征程、谱写新篇章，与时俱进地提出了新时代党的建设总要求和新部署，明确了党的建设的目的和根本原则、根本方针、主线、统领、根基、着力点、总体布局、鲜明指向和八项任务。这一总要求和新部署气势恢宏、内涵丰富，充分体现了党在十八大以来波澜壮阔的管党治党伟大历程中积累和形成的大量新鲜而宝贵的经验，突出了马克思主义执政党的政治属性和全面从严治党的鲜明主题，高度凝练地回答了坚持和发展新时代中国特色社会主义究竟需要"建设什么样的党、怎样建设党"这一历史性课题，丰富和发展了马克思主义建党学说，是指导新时代党的建设的总遵循，对于推动全面从严治党不断向纵深发展具有重要意义。我们要深入学习、全面理解、准确把握，坚持整体谋划、统筹推进、具体落实，做到管党有方、治党有力、建党有效。

二、准确把握新时代党的建设总要求

党的十九大报告明确提出了新时代党的建设总要求："坚持和加强党的全面领导，坚持党要管党、全面从严治党，以加强党的长期执政能力建设、先进性和纯洁性建设为主线，以党的政治建设为统领，以坚定理想信念宗旨为根基，以调动全党积极性、主动性、创造性为着力点，全面推进党的政治建设、思想建设、组织建设、作风建设、纪律建设，把制度建设贯穿其中，深入推进反腐败斗争，不断提高党的建设质量，把党建设成为始终走在时代前列、人民衷心拥护、勇于自我革命、经得起各种风浪考验、朝气蓬勃的马克思主义执政党。"这段论述对新时代党的建设的根本方针、工作思路、总体布局、总目标等作出了战略部署，揭示了马克思主义执政党的本质要求，回答了新时代"建设什么样的党、怎样建设党"这一历史性课题，是指导新时代党的建设的总纲领和总遵循。

（一）"两个坚持"的根本方针

"两个坚持"即"坚持和加强党的全面领导，坚持党要管党、全面从严治党"。这"两个坚持"作为新时代党的建设的根本原则和指导方针，集中反映了新时代中国特色社会主义建设和执政党建设的本质要求，是统领新时代党的建设的总纲。

坚持和加强党的全面领导，是新时代党的建设的根本原则。中国特色社会主义最本质的特征是中国共产党领导，中国特色社会主义制度的最大优势是中国共产党领导，党是最高政治领导力量。党的十九大报告反复强调了这一重要思想，指出要"坚持党对一切工作的领导""党政军民学，东西南北中，党是领导一切的"。所谓"全面"领导，在空间上，是指全方位、所有领域、各行各业各部门都必须置于党的领导之下；在时间上，是指党的领导贯穿于各项事业的始终，没有"空档期"，不存在"休息日"。要牢牢把握党的全面领导这一当代中国最高政治原则，把党的领导落实到中国特色社会主义各项事业、各条战线、各个领域中，体现到对所有党组织和党员干部的日常管理监督中，完善坚持党的领导的体制机制，提高党把方向、谋大局、定政策、促改革的能力和定力，确保党始终总揽全局、协调各方，始终成为中国特色社会主义事业的坚强领导核心。

坚持党要管党、全面从严治党，是加强党的领导的必然要求，也是党的建设的指导方针。党的十八大以来，党中央把"严"作为管党治党的最强音，严字当头、一严到底，着力抓思想从严、管党从严、执纪从严、治吏从严、作风从严、反腐从严，把全面从严的精神和要求贯彻到党的建设全过程、各方面，贯彻到党的组织最高层、最末梢，做到主体全动员、对象全覆盖、内容成系统、环节相衔接、措施相配套、责任无死角，做到真严、常严，使管党治党宽、松、软的现象得到有效纠正。治国必先治党，治党务必从严。"全面从严"体现的是对党的建设兴衰成败内在规律的深刻认识，体现的是党的建设的成功经验，体现的是党的建设指导方针的与时俱进。①

在新时代，党的建设必须紧紧围绕"两个坚持"的根本方针来部署、来推进、来检验，通过加强党的建设，不断增强党的创造力、凝聚力、战斗力、领导力和号召力。

（二）"四个以"的工作思路

"以加强党的长期执政能力建设、先进性和纯洁性建设为主线"，继承和发展了党的十八大报告的相关表述，特别是把长期执政能力建设提到了全党面前，凸显了"永远在路上"的思想内涵和实践导向。中国共产党自诞生以来，之所以从小到大、由弱变强，在大风大浪面前能经受住考验，每逢大危机能力挽狂澜，最终战胜各种苦难并创造新的辉煌，保持"任尔东西南北风，我自岿然不动"的政治定力，与我们党始终重视长期执政能力建设、先进性和纯洁性建设密不可分。

"以党的政治建设为统领"，这是对党的建设历史特别是党的十八大以来党的建设宝贵经验的科学总结和理论升华，抓住了马克思主义执政党建设的根本点、关键点。以党的政治建设为统领，实际上明确了党的政治建设在党的建设中的根本性地位。党的政治建设决定党的建设方向和效果。加强党的政治建设是习近平总书记对党建思想的丰富和发展。以党的政治建设为统领，就是要把"保证全党服从中央、坚持党中央权威和集中统一领导"作为党的政治建设的首要任务；就是要求全党坚定执行党的政治路线、严格遵守政治纪律和政治规矩，

---

① 参见徐云兰、王正东：《全面理解和贯彻新时代党的建设总要求》，《解放军报》2018年1月31日。

在政治立场、政治方向、政治原则、政治道路上同党中央保持高度一致；就是要健康开展党内政治生活、营造风清气正的政治生态；就是要坚持和健全民主集中制；就是要反对宗派主义、圈子文化、码头文化；就是要求全党特别是高级干部加强党性锻炼，把对党忠诚、为党分忧、为党尽职、为民造福作为根本政治担当，永葆共产党人政治本色。

"以坚定理想信念宗旨为根基"，强调的是共产党人的初心和政治灵魂。通过加强党的建设，使广大党员干部不断坚定对马克思主义的信仰，始终牢记全心全意为人民服务的宗旨，自觉成为共产主义远大理想和中国特色社会主义共同理想的坚定信仰者和忠实实践者。党的十九大报告强调"思想建设是党的基础性建设"，要"以坚定理想信念宗旨为根基"。这个表述阐明了崇高的奋斗目标、精神境界和价值追求是党的建设的"根"，必须打牢共产党人的精神支柱和思想根基。加强思想建设、坚定理想信念、牢记党的宗旨，必须用习近平新时代中国特色社会主义思想武装全党。

"以调动全党积极性、主动性、创造性为着力点"，既强调充分发挥各级党组织和全体党员的作用，又强调尊重党员的主体地位，激发全党同志的担当精神和创造热情，集中全党的智慧和力量。调动全党积极性、主动性和创造性是推进党的建设新的伟大工程的重要内容，以其为着力点是保持和增强党的创造力、凝聚力和战斗力，永葆党的生机与活力，建设朝气蓬勃的马克思主义执政党的必然要求，是我们党在总结过去、面对现在、思考未来的过程中得出的重要结论。"历史只会眷顾坚定者、奋进者、搏击者。"随着我国进入新发展阶段，一系列新挑战迎面而来，在此关键时期，气可鼓而不可泄，调动全党的积极性、主动性和创造性，可以更好地激发广大党员干部锐意进取、敢为人先的精神，推动形成想作为、敢作为、善作为的良好风尚。

(三)"5+2"的总体布局

"全面推进党的政治建设、思想建设、组织建设、作风建设、纪律建设,把制度建设贯穿其中,深入推进反腐败斗争",这一党的建设"5+2"(五个方面的建设,制度建设和反腐败斗争两大要务)总体布局突出了政治建设的统领地位和纪律建设这个管党治党的治本之策,反映了党的十八大以来全面从严治党实践和理论探索创新的重大成果,抓住了新时代推进党的建设新的伟大工程的关键,实现了党的建设总体布局的重大发展。深入把握新时代党的建设总体布局,尤其要深入把握政治建设和纪律建设。

突出政治建设,是因为党的政治建设决定着党的建设方向和效果。旗帜鲜明讲政治是我们党作为马克思主义政党的根本要求。以党的政治建设为统领,把党的政治建设摆在首位,保证全党服从中央,坚持党中央权威和集中统一领导,是党的十八大以来党的建设的重要经验,也是新时代加强党的长期执政能力建设、先进性和纯洁性建设的必然要求。党的十九大报告在党的历史上第一次把党的政治建设纳入党的建设总体布局并将其摆在首要位置,强调以党的政治建设为统领,这对确保党始终成为中国人民和中国特色社会主义事业的坚强领导核心,对坚定不移推进全面从严治党、把党建设得更加坚强有力,都具有巨大而深远的指导意义。在党的建设总体布局中,党的政治建设是党的根本性建设,决定着党的建设方向和效果。政治建设是其他建设的根和魂,党的思想建设、组织建设、作风建设、纪律建设最终必须落实到政治建设上。政治建设抓好了,对党的其他建设可以起到纲举目张的作用。这是党的十九大在党建方面的最大创新。

强调纪律建设,是因为党的纪律建设为党的其他各项建设提供规范和保障。我们党是靠革命理想和铁的纪律组织起来的马克思主义执政党,纪律严明是党的优良传统和独特优势。回顾党的历史,我们党从小到大、从弱到强,从革命到建设再到改革的奋斗史,就是一部统一全党意志和行动、步调一致向前进、不断从胜利走向胜利的纪律建设史。进入新时代,纪律建设作为全面从严治党的治本之策,在我们党承担历史使命、建设伟大工程的过程中,仍将发挥重要作用,提供有力保障。党的十九大把纪律建设纳入党的建设总体布局,是一个重要的实践总结和理论创新,标志着我们党对坚持党要管党、全面从严治党的认识达到了一个新境界。[①] 把党的纪律建设摆在更加重要的位置,体现了党的建设一以贯之的历史传承和管党治党把纪律挺在前面的新鲜经验,凸显了党的纪律和纪律建设在管党治党中的地位和作用。实践证明,如果纪律建设没抓好,整个党纪律松弛、松松垮垮,那么党的其他各项建设也不可能真正抓好。党的十九大报告在总结党的十八大以来纪律建设经验的基础上,在党的建设总体布局中把纪律建设作为一个重要方面,进一步凸显了纪律建设在党的建设中的重要地位和价值功能。

在新时代党的建设总体布局中,各项建设都有各自的地位和作用。比如,政治建设是根本性建设,具有统领地位,发挥统领作用;思想建设是基础性建设,能够筑牢中国共产党人的精神支柱和政治灵魂。同时,各项建设又相互支撑、相互贯通,从而成为一个有机统一的整体。比如,无论是政治建设、思想建设、组织建设、作风建设、纪律建设,还是深入推进反腐败斗争,都离不开制度建设,制度建设必然要体现在党的各项建设中。深入推进反腐败斗争,不断反腐惩恶、激浊扬清,涵养风清气正的政治生态,既与作风建设、纪律建设

[①] 参见张浩:《新时代党的建设总体布局的重大创新》,央广网2018年2月26日。

紧密相关，也与政治建设、思想建设、组织建设密切相关，更离不开制度建设的支撑。因此，全面推进新时代党的建设新的伟大工程，必须按照新时代党的建设总体布局，将党的建设作为一个有机整体来推进，任何一个方面都不能偏废。①

（四）"五句话"的总目标

"把党建设成为始终走在时代前列、人民衷心拥护、勇于自我革命、经得起各种风浪考验、朝气蓬勃的马克思主义执政党"，这是对新时代党的建设总目标的一个全新的概括。这简短的"五句话"既有各自丰富的内涵，又构成了一个统一的整体，充分彰显了我们党作为马克思主义执政党的先进性和纯洁性，彰显了我们党引领时代潮流、与时俱进的品格，彰显了我们党为中国人民谋幸福、为中华民族谋复兴的立党初心。

"始终走在时代前列"，反映了党的先进性基因和时代性特质。中国共产党从成立之日起，就是中国工人阶级的先锋队，同时是中国人民和中华民族的先锋队。作为中国特色社会主义事业的领导核心，党必须永远走在前列，秉承马克思主义理论的创造性品格，以思想飞跃推进实践创新，与时俱进、引领未来，带领中华民族奔向光明美好的未来。

"人民衷心拥护"，是党长期执政的力量源泉。我们党来自人民、植根人民、服务人民，党的根基在人民、血脉在人民、力量在人民。全心全意为人民服务是我们党的根本宗旨。党的十九大报告明确要求坚持以人民为中心，坚持人民主体地位，坚持立党为公、执政为民，践行全心全意为人民服务的根本宗旨，把党的群众路线贯彻到治国理

---

① 参见王韶兴：《深入把握新时代党的建设总体布局》，《人民日报》2018年7月10日。

政全部活动之中,把人民对美好生活的向往作为奋斗目标,依靠人民创造历史伟业。我们必须时刻牢记党的根本宗旨,始终站稳人民立场,坚持权为民所用、情为民所系、利为民所谋,始终同人民想在一起、干在一起,为实现党的历史使命不懈奋斗。

"勇于自我革命",是党的鲜明品格和重要优势。我们党因革命而生,勇于自我革命是熔铸在中国共产党人血脉里的政治基因,是我们党永葆先进性和纯洁性的制胜法宝。在新时代,我们要兴党强党,必须进一步以勇于自我革命的精神锻造自己,把党建设得更加坚强有力。要坚持用时代发展要求审视自己,深刻认识新时代坚持和发展中国特色社会主义对我们党自身建设提出的新要求,一刻不停歇地推动全面从严治党向纵深发展,不断增强党的政治领导力、思想引领力、群众组织力、社会号召力,确保我们党永葆旺盛生命力和强大战斗力;坚持以强烈的忧患意识警醒自己,突出问题导向,保持战略定力,大力发扬勇于自我革命精神,自觉砥砺自我革命意志,不断提高自我革命能力,使党永葆青春活力,永远立于不败之地。

"经得起各种风浪考验",是党必须具备的政治智慧和战略定力。我国日益走近世界舞台中央,前所未有地接近实现中华民族伟大复兴的目标,各种挑战和困难也前所未有的严峻和复杂。有来自全面深化改革遇到的顽瘴痼疾,有来自国家主权、安全和发展利益面对的风险,有来自分裂祖国、破坏民族团结和社会和谐稳定的挑战,等等。必须充分认识到进行伟大斗争的长期性、艰巨性和复杂性,大大提高我们党抗击风浪、应对挑战、化解矛盾的能力。

"朝气蓬勃",是党应当永远保持的进取状态和精神风貌。中国共产党的先进性和纯洁性,决定了它具有无比宽广的时代舞台,具有无比深厚的历史底蕴,具有无比强大的前进动力。无论党面临的执政环境、形势和任务有多大变化,党永远是马克思主义理论指导下的政党,从人民群众中汲取力量,从中华优秀传统文化中汲取智慧,从不断创新中获得持久的发展动能,永远保持年轻,永远富有昂扬向上的朝气。①

办好中国的事情,关键在党,伟大的事业必须有坚强的党来领导。我们要在以习近平同志为核心的党中央坚强领导下,切实贯彻新时代党的建设总要求,深入推进党的建设新的伟大工程,确保党始终同人民想在一起、干在一起,勠力同心夺取新时代中国特色社会主义伟大胜利。

三、新时代党的建设总要求的重大意义

党的十九大对推进新时代中国特色社会主义伟大事业和党的建设新的伟大工程作出全面部署,提出新时代党的建设总要求。我们必须深刻认识、全面理解新时代党的建设总要求的重大意义,增强思想自觉和行动自觉,扎扎实实地把总要求贯彻落实到党的建设各方面工作中去,确保我们党始终成为中国特色社会主义事业的坚强领导核心。

这是学习贯彻习近平新时代中国特色社会主义思想的内在要求。党的十九大把习近平新时代中国特色社会主义思想确立为我们党必须长期坚持的指导思想和行动指南,这是党的十九大的重大历史性贡献。习近平新时代中国特色社会主义思想,系统回答了新时代我们党坚持和发展什么样的中国特色社会主义、怎样坚持和发展中国特色社会主义的一系列重大理论和实践问题,是马克思主义中国化的最新成果,是我们党的重大理论创新。新时代党的建设总要求是习近平总书

---

① 参见徐云兰、王正东:《全面理解和贯彻新时代党的建设总要求》,《解放军报》2018 年 1 月 31 日。

记党建思想的集中体现,是习近平新时代中国特色社会主义思想的重要组成部分。只有按照新时代党的建设总要求不断加强党的建设,才能进一步推动全党用习近平新时代中国特色社会主义思想武装头脑,充分发挥这一重要思想对各方面工作和各项事业发展的根本指导作用,保证全党在这一重要思想的指引下统一意志、统一行动。①

这是推动全面从严治党向纵深发展、确保党永葆旺盛生命力和强大战斗力的现实要求。党和人民的事业发展到什么阶段,党的建设就要推进到什么阶段,这是加强党的建设必须把握的基本规律。党的十九大高举中国特色社会主义伟大旗帜,深刻阐述了新时代中国共产党的历史使命,确立了习近平新时代中国特色社会主义思想的历史地位,对新时代推进中国特色社会主义伟大事业和党的建设新的伟大工程作出了全面部署。在统揽伟大斗争、伟大工程、伟大事业、伟大梦想中起决定性作用的是新时代党的建设新的伟大工程。党的十九大总结我们坚持党的领导、加强党的建设的新经验,明确提出了新时代党的建设总要求。这个总要求不是空洞的、抽象的、说教的,而是来自加强党的建设、推进全面从严治党的现实需要,来自解决党内存在的突出矛盾和问题的现实需要,来自保持党的先进性和纯洁性、确保党永葆旺盛生命力和强大战斗力的现实需要,来自牢记党的性质和宗旨、保持党同人民群众的血肉联系的现实需要。我们要清醒地认识到,目前党的建设方面还存在不少薄弱环节,党内存在的思想不纯、组织不纯、作风不纯等突出问题尚未得到根本解决,"四大考验"是长期的、复杂的,"四种危险"是尖锐的、严峻的。要想有效应对这些考验和危险,从根本上解决党内存在的突出问题,就必须全面贯彻落实新时代党的建设总要求,以更大的力度推动全面从严治党向纵深

---

① 参见《深刻认识和全面落实新时代党的建设总要求》,《求是》2017年第24期。

发展，确保我们党始终成为时代的先锋、民族的脊梁。

这是提高党的长期执政能力和领导水平、确保党始终成为中国特色社会主义事业坚强领导核心的战略要求。中国特色社会主义最本质的特征是中国共产党领导，中国特色社会主义制度的最大优势是中国共产党领导，党是最高政治领导力量。坚持和加强党的全面领导，是中国人民和中华民族的根本利益所在，任何时候、任何情况下都不能有丝毫动摇。从完成新民主主义革命，到确立社会主义基本制度，推进社会主义建设，再到进行改革开放新的伟大革命，推动中国特色社会主义进入新时代，历史已经证明并将继续证明，没有中国共产党的领导，人民幸福、民族复兴必然是空想。任凭时空如何变换、时代如何更迭，我们党"最高政治领导力量"的执政地位都不会变，也不能变。在坚持和完善党的领导这个重大原则问题上，全党全国人民必须高度自觉、坚定不移，决不能有任何含糊和动摇。在新时代，我们党要想团结带领人民进行伟大斗争、推进伟大事业、实现伟大梦想，把具有5000多年悠久历史、拥有14亿多人口的中国建成富强民主文明和谐美丽的社会主义现代化强国，就必须进一步推进党的建设新的伟大工程，不断提高党的执政能力和领导水平。只有全面贯彻落实新时代党的建设总要求，加强党的长期执政能力建设，全面增强执政本领，做到既政治过硬，又本领高强，才能确保我们党始终成为中国特色社会主义事业的坚强领导核心，带领全国各族人民拥抱无比广阔的光明前景。

这是立足我国发展新的历史方位、完成新时代党的历史使命和奋斗目标的必然要求。党的十九大作出了中国特色社会主义进入新时代、我国社会主要矛盾已经转化为人民日益增长的美好生活需要和不平衡不充分的发展之间的矛盾等重大政治论断，深刻阐述了新时代中国共产党的历史使命和奋斗目标。毫不动摇坚持和完善党的领导，毫不动摇把党建设得更加坚强有力,是我们党适应新时代要求、完成新时代历史使命和奋斗目标的基本前提和根本保证。新时代党的建设总要求从新时代、新征程、新使命、新目标对我们党提出的新要求出发,进一步回答了"建设什么样的党、怎样建设党"这一历史性课题,形成了党在新时代加强自身建设的总纲领。① 只有坚定不移地贯彻落实这一总要求,才能确保我们党始终走在时代前列,团结带领全国各族人民实现中华民族伟大复兴的历史使命。

---

① 参见《深刻认识和全面落实新时代党的建设总要求》,《求是》2017年第24期。

第三章　把政治建设摆在首位——党的政治建设是党的根本性建设

在革命、建设、改革各个历史时期，我们党都高度重视党的政治建设，形成了讲政治的优良传统。党的十八大以来，以习近平同志为核心的党中央把党的政治建设摆在更加突出的位置，加大力度抓，形成了鲜明的政治导向，消除了党内严重的政治隐患，推动党的政治建设取得重大历史性成就。同时，必须清醒看到，党内存在的政治问题还没有得到根本解决，一些党组织和党员干部忽视政治、淡化政治、不讲政治的现象还比较突出，有的甚至存在偏离中国特色社会主义方向的严重问题。为了切实有效地解决这些问题，我们党必须进一步加强自身的政治建设。

一、旗帜鲜明讲政治

党的十九大报告提出了新时代党的建设总要求，第一次把政治建设纳入党的建设总体布局，把政治建设放在"五大建设"之首，并再次强调"旗帜鲜明讲政治是我们党作为马克思主义政党的根本要求"。这不仅是党的建设理论的创新发展，也是对广大党员干部提出的明确要求，广大党员干部必须认真学习领会，一丝不苟贯彻落实，牢固树立政治观念，在政治立场、政治方向、政治原则、政治道路上同党中央保持高度一致,切实做到旗帜鲜明讲政治。

(一)深刻认识旗帜鲜明讲政治的重大意义

1. 旗帜鲜明讲政治是马克思主义政党的根本要求和政治优势

马克思主义认为,政治属于建立在经济基础之上的上层建筑范畴,具有统率全局的作用。无产阶级如果没有正确的政治观点,就会丧失生机和活力。我们党作为马克思主义政党,讲政治是突出的特点和优势,没有强有力的政治保证,党的团结统一就是一句空话。旗帜鲜明讲政治,讲马克思主义的政治,讲有崇高理想、远大目标和为人民服务宗旨的政治,是我们党百年来一以贯之的根本要求,是区别于其他一切政党的鲜明特质和政治优势,是战胜艰难险阻、不断取得胜利的优良传统和重要法宝。回顾我们党的历史,从古田会议上毛泽东同志提出党内生活政治化、科学化的要求,到延安整风时期建立党内政治生活的制度基础;从新中国成立之后毛泽东同志提出"政治工作是一切经济工作的生命线"[①]"没有正确的政治观点,就等于没有灵魂"[②],到改革开放新时期邓小平同志提出"改革,现代化科学技术,加上我们讲政治,威力就大多了"[③],这一系列论断、要求和实践都表现出我们党在马克思主义政党建设上的高度政治自觉。党的十八大以来,习近平总书记站在推进具有许多新的历史特点的伟大斗争、党的建设新的伟大工程、中国特色社会主义伟大事业的全局高度,提出"必须旗帜鲜明讲政治"的要求,进一步继承和发扬了我们党讲政治的优良传统,促使全党同志增强政治自觉,不忘初心、砥砺前行,凝聚起为理想而奋斗的共同意志和磅礴力量。

[①] 《毛泽东著作专题摘编》(下),中央文献出版社 2003 年版,第 1479 页。
[②] 《毛泽东著作专题摘编》(下),中央文献出版社 2003 年版,第 1695 页。
[③] 《邓小平文选》第三卷,人民出版社 1993 年版,第 166 页。

2. 旗帜鲜明讲政治是管党治党的根本保证和迫切需要

讲政治关乎党的前途命运，是我们党管党治党、避免犯颠覆性错误的根本保证。党的十八大以来，以习近平同志为核心的党中央把全面从严治党纳入"四个全面"战略布局，采取一系列重大举措管党治党，党风廉政建设和反腐败斗争取得显著成效。习近平总书记以马克思主义政治家的政治站位和政治胸怀，深刻洞察复杂严峻的斗争形势和各种表象背后的深层次根源，坚持从政治上着眼、从政治上审视、从政治上解决党内突出问题，抓住了全面从严治党的根本。习近平总书记反复告诫指出的"七个有之"，从根本上讲都是政治问题，也必须从政治上来解决。政治上强了，党内政治生活才能严起来，党内政治生态才能好起来，党的事业才能有可靠的政治保障。[1]

3. 旗帜鲜明讲政治是党员干部的立身之本

讲政治、有信念是"四讲四有"合格党员第一位的标准。习近平总书记反复强调，党员干部特别是领导干部要严守政治纪律和政治规矩，自觉做政治上的明白人，告诫和警示党员干部，"在政治上出问题，对党的危害不亚于腐败问题，有的甚至比腐败问题更严重"[2]。从党的十八大以来查处的腐败案件来看，一些领导干部坠入严重违纪违法深渊，原因有很多，但归根结底都是政治上出了问题。党员干部特别是领导干部，必须始终保持清醒政治头脑，牢固树立政治理想，正确把握政治方向，坚定站稳政治立场，严格遵守政治纪律，筑牢拒腐防变的思想政治防线。

---

[1] 参见刘家义：《必须旗帜鲜明讲政治》，《求是》2017年第9期。
[2] 《习近平关于全面从严治党论述摘编》，中央文献出版社2016年版，第80页。

（二）共产党员如何做到旗帜鲜明讲政治

1. 旗帜鲜明讲政治必须坚守政治理想

党无魂不立，国无魂不存，民无魂不聚。中国共产党从几十人的小党成长为世界第一大执政党，带领中华民族实现了历史性飞跃，靠的就是对共产主义的坚定信仰，为的就是实现国家富强、民族振兴、人民幸福的伟大理想。共产主义远大理想和中国特色社会主义共同理想是共产党人的精神追求和精神支柱，坚定这一政治理想是共产党人安身立命的根本。讲政治，就是要夯实政治理想，把对马克思主义的信仰，对社会主义、共产主义的信念作为毕生追求；就是要解决好世界观、人生观、价值观的问题，不断增强政治定力，使讲政治内化于心、外化于行。广大党员干部只有讲政治，才能始终维护党的团结统一，才能使党永葆旺盛的生机与活力，才能确保党始终成为坚强领导核心。反之，不讲政治则会导致党组织软弱涣散、党群干群关系疏离，党就会失去精神支柱而自我瓦解。在新时代，要做到坚定政治理想、保持政治定力，就要用习近平新时代中国特色社会主义思想武装头脑，不断增强道路自信、理论自信、制度自信、文化自信。

2. 旗帜鲜明讲政治必须牢固树立"四个意识"

讲政治，最首要的就是牢固树立和自觉践行"四个意识"，坚决维护和捍卫习近平总书记党中央的核心、全党的核心地位。牢固树立"四个意识"不能只挂在嘴上，必须内化于心、外化于行。要在任何时候、任何情况下始终同以习近平同志为核心的党中央保持高度一致，对党绝对忠诚，对党的核心绝对忠诚。一个国家、一个政党，领导核心至关重要。习近平总书记是党中央的核心、全党的核心，这反映了全党的共同意志，反映了全党全军全国各族人民的共同心愿。每一名党员都要用实际行动维护习近平总书记的核心地位，绝对忠诚于全党的核心。牢固树立"四个意识",坚决维护核心,是检验讲政治的根本。

3. 旗帜鲜明讲政治必须尊崇党章

政党章程是政党的立党之本,是党的根本大法。党章是我们党最根本的党规党法。习近平总书记指出:"每一个共产党员特别是领导干部都要牢固树立党章意识,自觉用党章规范自己的一言一行,在任何情况下都要做到政治信仰不变、政治立场不移、政治方向不偏。不论担任何种职务、从事何种工作,首先要明白自己是一名在党旗下宣过誓的共产党员,要用入党誓词约束自己。"① 每一名共产党员和领导干部都要尊崇党章、学习党章、践行党章,牢固树立党章意识,自觉把党章作为根本的行为准则,用党章规范自己的言行。履行誓言、尊崇和践行党章既是每一名党员的基本义务,也是讲政治的基本要求。

4. 旗帜鲜明讲政治必须站稳人民立场

"民心是最大的政治。"讲政治,要求牢牢站稳人民立场。人民立场是中国共产党的根本政治立场,衡量讲政治的根本标准是看人民高兴不高兴、答应不答应、满意不满意。古人讲,为天地立心,为生民立命,为往圣继绝学,为万世开太平;今日,共产党人讲一心为民、无私奉献的公仆情怀。旗帜鲜明讲政治,就必须坚持一切为了人民、一切依靠人民。人民群众是党的执政根基和力量源泉。人民对美好生活的向往,就是我们的奋斗目标。广大党员干部要想群众之所想、急群众之所急、忧群众之所忧,做到发展为了人民、发展依靠人民、发展成果由人民共享,不断增强广大人民群众的获得感。要始终站稳为人民服务的政治立场,努力践行全心全意为人民服务的根本宗旨,努力维护最广大人民的根本利益,保障人民群众对美好生活的向往和

---

① 《十八大以来重要文献选编》(上),中央文献出版社 2014 年版,第 132—133 页。

追求。

5. 旗帜鲜明讲政治必须守纪律讲规矩

旗帜鲜明讲政治,就要严守党的纪律和规矩。理想信念是主心骨,纪律规矩是顶梁柱,没有了这两样,必然背离党的宗旨,做人做事就会走偏走邪,思想就会百病丛生,人生就会迷失方向。只有守纪律讲规矩,组织体系才会更加严密,才能有效消除团团伙伙、拉帮结派等痼疾,净化党内政治生态。这就要求广大党员干部特别是领导干部要做到利益面前公而忘私、荣誉面前不争高低、待遇面前不争多少,老老实实做人,清清白白做事,在各种诱惑面前保持清醒头脑,永葆政治本色。

旗帜鲜明讲政治不仅是对每个党员的基本要求,也是党员干部立身处世、干事创业、行稳致远的"护身符"。不讲政治,就会目无法纪、随心所欲,就会唯我独尊、违纪违规,就会突破底线、身败名裂。"腐败问题与政治问题往往是相伴而生的。"[1] 纵观我们党的历史,一个个落马官员无不以铁的事实说明了不讲政治的恶果。其实,党员干部都是由普通党员成长起来的,只要每个普通党员始终把讲政治摆在首位,内化于心、外化于行,养成自觉、形成习惯,讲政治就会有最深厚的积淀和最持久的生命力。

二、坚决维护党中央的核心、全党的核心

一个国家、一个政党,领导核心至关重要。要想使我们党始终成为坚强有力的马克思主义执政党,始终成为中国特色社会主义伟大事业的坚强领导力量,必须有一个核心。贯穿党的十九大一个极为重要

---

[1] 《习近平关于全面从严治党论述摘编》,中央文献出版社2016年版,第106页。

的思想灵魂，是要求全党牢固树立政治意识、大局意识、核心意识、看齐意识，在政治立场、政治方向、政治原则、政治道路上同以习近平同志为核心的党中央保持高度一致，自觉维护以习近平同志为核心的党中央权威和集中统一领导，这也体现在党的十九大修订的党章之中。切实做到这一点，是推动党和人民事业顺利发展，实现党的既定奋斗目标的根本前提。这里最重要的，就是深刻认识习近平总书记党中央的核心、全党的核心地位的重大意义。

（一）确立和维护党的领导核心，是中国共产党的优良历史传统和独特政治优势

马克思主义建党学说的一个基本观点，就是确立和维护无产阶级政党的领导核心。无产阶级政党是无产阶级的先锋队，其代表之广泛、队伍之庞大，是任何别的政党不能比的；它所担负的领导人民推翻资产阶级统治、建立无产阶级专政、建设社会主义的历史使命，也是任何别的政党不能比的。因此，无产阶级政党必须有高度的意志统一、高度的思想一致和高度的行动一致。要实现这样的统一和一致，必须形成和确立党的领导核心，并且维护领导核心的权威。

列宁按照马克思主义建立了苏联共产党，并在领导建党和党的斗争实践中丰富和发展了马克思主义建党学说。列宁特别强调党的意志的高度统一和铁的纪律，他还强调了党的杰出领袖对党实现意志高度统一的决定性作用。他指出："造就一批有经验、有极高威望的党的领袖是一件长期的艰难的事情。但是做不到这一点，无产阶级专政、无产阶级的'意志统一'就只能是一句空话。"[①]

中国共产党是按照马克思列宁主义建党学说建立起来的政党，在

[①] 《列宁全集》第四十二卷，人民出版社1987年版，第100页。

发展壮大中，形成了确立和维护党的领导核心的优良历史传统和独特政治优势。在1935年遵义会议前，由于没有形成成熟的领导核心，党的事业几经挫折，甚至面临失败危险。遵义会议确立了毛泽东同志在红军和党中央的领导地位，我们党开始形成坚强的领导核心，从此中国革命焕然一新。正是在党中央坚强有力的领导下，中国共产党人团结带领人民接续奋斗，中国革命、建设、改革事业才取得举世瞩目的伟大成就。对于领导核心，毛泽东同志说："要建立领导核心，反对'一国三公'。"① 邓小平同志也说："任何一个领导集体都要有一个核心，没有核心的领导是靠不住的。"② 党章明确提出"坚定维护以习近平同志为核心的党中央权威"这一政治要求，是对马克思主义建党学说的深刻揭示，是对中国共产党在长期实践中形成的优良历史传统和独特政治优势的科学总结，对于夺取新时代中国特色社会主义伟大胜利具有极其重要的意义。

（二）习近平总书记成为党中央的核心、全党的核心，是历史和人民的选择

习近平总书记成为全党拥护、人民爱戴、当之无愧的领袖，是在伟大斗争的实践中形成的，是在长期的历练中形成的，是历史的选择、人民的选择。特别是党的十八大以来，习近平总书记带领全党全军全国各族人民开创了中国特色社会主义伟大事业和党的建设新的伟大工程新局面，在改革发展稳定、内政外交国防、治党治国治军等方面取得了一系列具有重大现实意义和深远历史意义的成就，实现了党和国家事业的继往开来，赢得全党全军全国各族人民的高度评价和衷心爱戴，成为党中央的核心、全党的核心。党的十八届六中全会明确

---

① 《毛泽东文集》第三卷，人民出版社1996年版，第69页。
② 《邓小平思想年谱（一九七五——一九九七）》，中央文献出版社1998年版，第431页。

了习近平总书记的核心地位,正式提出"以习近平同志为核心的党中央",正是对这个客观现实的确认。确立习近平总书记党中央的核心、全党的核心地位,是我们党的郑重选择,是众望所归、名副其实,当之无愧。

当前,在全面建成小康社会的基础上,我们要乘势而上开启全面建设社会主义现代化国家新征程,向第二个百年奋斗目标进军。中国特色社会主义事业和民族复兴大业现在已到了一个关键的历史节点,我们党必须要有一个思想上、政治上的"主心骨",必须要有一种强大的政治定力,这就要求全党同志必须坚决维护习近平总书记党中央的核心、全党的核心地位。

法国唯物主义哲学家爱尔维修说过,"每一个社会时代都需要有自己的大人物"。时势造英雄,伟人开盛世。在强国强军这个伟大的时代,习近平总书记成为党中央的核心、全党的核心,是历史的选择、事业的选择、人民的选择,对于更好地凝聚党和人民的力量推进中国特色社会主义伟大事业和民族复兴大业,对保证党和国家兴旺发达、长治久安,具有十分重大而深远的意义。全党同志特别是党的领导干部,要有高度的政治自觉和行动自觉,忠诚于党,忠诚于党的事业,坚决维护习近平总书记党中央的核心、全党的核心地位和领袖权威,不断强化忠诚核心、拥戴核心、维护核心、捍卫核心的自觉性。

三、坚决维护党中央权威和集中统一领导

维护党中央权威和集中统一领导,是马克思主义政党必须坚持的一条重大原则。党的十九大报告指出:"保证全党服从中央,坚持党中央权威和集中统一领导,是党的政治建设的首要任务。"党的十九

大通过的党章强调:"必须实行正确的集中,牢固树立政治意识、大局意识、核心意识、看齐意识,坚定维护以习近平同志为核心的党中央权威和集中统一领导,保证全党的团结统一和行动一致,保证党的决定得到迅速有效的贯彻执行。"

(一)坚决维护以习近平同志为核心的党中央权威

坚决维护党中央权威、保证全党令行禁止,是党和国家前途命运所系,是全国各族人民根本利益所在。党中央有权威,才能把全党牢固凝聚起来,进而把全国各族人民紧密团结起来,形成万众一心、无坚不摧的磅礴力量。党章明确规定,全党同志要"坚定维护以习近平同志为核心的党中央权威"。党的各级组织、全体党员特别是党的高级干部要严格遵循党章要求,自觉维护以习近平同志为核心的党中央权威,在思想上政治上行动上同党中央保持高度一致。

1. 维护党中央权威,是不断推进党和国家事业发展的必然要求

我们党是一个拥有9500多万名党员和480多万个基层党组织、在14亿多人口的发展中大国长期执政的大党,正面临着社会大转型、利益大调整、诸多矛盾集中凸显等严峻考验和挑战。在这样的历史条件下,党要充分发挥总揽全局、协调各方的领导核心作用,实现中华民族伟大复兴的历史使命,就必须突出强调维护党中央权威。这是巩固党的团结统一、不断提高党的领导能力和执政能力的坚强保证。邓小平同志说,在"四个服从"中,"最重要的就是全党服从中央"[①]。习近平总书记也明确指出:"维护中央权威,贯彻落实党的理论和路线

---

① 《邓小平思想年谱(一九七五——一九九七)》,中央文献出版社1998年版,第144页。

方针政策，是政治纪律，是绝对不能违反的。"① 这些告诫，是对正反两方面经验的深刻总结。中央是党的领导决策核心，中央制定的路线方针政策，是全党全国人民统一思想、统一意志、统一行动的基本依据。坚决维护中央权威，是我们党的优良传统，是党领导人民取得革命、建设和改革伟大成就的宝贵经验，是党和人民的根本利益所在。只有坚决维护中央权威，不折不扣地贯彻执行党中央制定的大政方针和决策部署，才能把全党全国人民紧密团结在党中央周围，把全社会各方面的智慧和力量汇聚到中国特色社会主义事业的伟大实践中来，形成万众一心、无坚不摧、无往不胜的磅礴力量，使我们党真正成为坚强的领导核心。如果中央没有权威，党的路线方针政策无人执行，大家各自为政、各行其是，想干什么就干什么，想不干什么就不干什么，想怎么干就怎么干，党就会变成一盘散沙，就会成为自行其是的"私人俱乐部"，党的领导就成了一句空话。②

2. 维护党中央权威必须坚持"四个服从"

党中央权威，必须依靠民主集中制、党的各个组织和全体党员来维护。党章规定，必须坚持党员个人服从党的组织，少数服从多数，下级组织服从上级组织，全党各个组织和全体党员服从党的全国代表大会和中央委员会。这"四个服从"，是正确处理党内各种关系的基本准则，有利于维护全党的集中和团结统一，有利于个人利益和集体利益、局部利益和整体利益、当前利益和长远利益的正确结合，有利于党的理论和路线方针政策的正确制定和执行。

"四个服从"，核心是全党各个组织和全体党员服从党的全国代表大会和中央委员会。党的全国代表大会和它所产生的中央委员会，是

---

① 《习近平关于严明党的纪律和规矩论述摘编》，中央文献出版社、中国方正出版社2016年版，第17页。
② 参见陈武明：《自觉维护中央权威是最大的纪律和规矩》，《求是》2015年第15期。

党的最高领导机关。党中央团结凝聚各方面力量，正确协调各方面意见，正确集中各方面智慧，在充分发扬民主的基础上作出科学决策。全党服从中央，是维护党中央权威的根本条件，是维护党的团结统一的根本条件，是实现党的集中领导的根本条件。党的民主集中制的"集中"，最根本的就是全党服从中央。如果没有全党服从中央这条最重要的政治纪律和政治规矩，中国共产党就不可能有统一意志和统一行动，就会成为一盘散沙，那就不可能完成所肩负的历史使命。①

3. 维护党中央权威，首先要维护习近平总书记的核心地位

维护党中央权威，首先要维护习近平总书记的核心地位；维护习近平总书记的核心地位，就是维护党中央权威。我们要进一步增强政治意识、大局意识、核心意识、看齐意识，自觉向习近平总书记看齐，向党的理论和路线方针政策看齐，向党中央决策部署看齐。这是维护党的团结统一、推进全面从严治党的关键，是维护党中央权威、维护党的核心的重要基础。在实现中华民族伟大复兴的进程中有一系列风险、挑战、危机、困难，没有"明知山有虎、偏向虎山行"的气概是断难取得成功的，这种气概就是对人民负责、对历史负责的担当精神，就是直面问题与挑战的斗争精神。党的十八大以来，习近平总书记以非凡的政治智慧、顽强的意志品质、强烈的责任担当，团结带领全党全国各族人民进行具有许多新的历史特点的伟大斗争，统筹推进"五位一体"总体布局，协调推进"四个全面"战略布局，推动改革开放和社会主义现代化建设取得历史性成就，推动党和国家事业全面开创新局面、发生历史性变革，赢得全党全军全国各族人民高度评价和衷心爱戴，成为党中央的核心、全党的核心。我们一定要坚决维护以习近平同志为核心的党中央权威和集中统一领导，以永不懈怠的

---

① 参见栗战书：《坚决维护党中央权威》，《人民日报》2016年11月15日。

精神状态和一往无前的奋斗姿态沿着中国特色社会主义道路奋勇前进。①

（二）坚决维护以习近平同志为核心的党中央集中统一领导

伟大的事业必须有坚强的党来领导。历史和现实都告诉我们，坚持党的领导是当代中国的最高政治原则，党中央集中统一领导是党的领导的最高原则，从根本上关乎党和国家前途命运和人民根本利益。

从党的历史来看，正是因为始终坚持党中央的集中统一领导，我们党才保持了强大的执政能力，既带领人民创造了中国经济社会发展的历史奇迹，又有效维护了国家统一、民族团结和社会稳定。当前，我国正处在实现中华民族伟大复兴的关键时期，国际国内形势错综复杂，各方面矛盾集中显现，发展中的不稳定不确定性因素增多。要想赢得战略主动和发展主动，巩固党和国家事业发展的良好局面，我们必须坚决维护以习近平同志为核心的党中央集中统一领导。

坚决维护以习近平同志为核心的党中央集中统一领导，首先要牢固树立"四个意识"，特别是核心意识、看齐意识。我们党要始终成为坚强有力的马克思主义执政党，始终成为中国特色社会主义伟大事业的坚强领导力量，必须有一个坚强的领导核心。党的十八届六中全会明确习近平总书记党中央的核心、全党的核心地位，是历史、实践和人民的选择，是党和国家的根本利益所在，也是坚持党的集中统一领导的迫切需要。增强核心意识、看齐意识，就要更加紧密地团结在以习近平同志为核心的党中央周围，更加坚定地维护以习近平同志为核心的党中央权威和集中统一领导，更加自觉地在思想上政治上行动上同以习近平同志为核心的党中央保持高度一致，更加扎实地把党中

---

① 参见《深入认识维护习近平总书记核心地位的重大意义》，《学习时报》2017年11月24日。

央的各项决策部署落到实处，做到党中央提倡的坚决响应、党中央决定的坚决执行、党中央禁止的坚决不做。①

坚决维护党中央集中统一领导，要求广大党员干部对党中央作出的部署决策，必须无条件执行，决不能打折扣、做选择、搞变通。《关于新形势下党内政治生活的若干准则》明确规定："全国人大、国务院、全国政协，中央纪律检查委员会，最高人民法院、最高人民检察院，中央和国家机关各部门，人民军队，各人民团体，各地方，各企事业单位、社会组织，其党组织都要不折不扣执行党中央决策部署。"每一个党的组织、每一名党员干部，无论处在哪个领域、哪个层级、哪个部门和单位，都要坚持全党一盘棋、全国一盘棋，都要服从党中央的统一指挥，都要按党中央的号令行动。

当今世界正经历百年未有之大变局，中国特色社会主义进入新时代，我们比历史上任何时期都更接近、更有信心和能力实现中华民族伟大复兴，同时面临的环境更复杂、不确定性更大、风险挑战更多，坚定维护党中央权威和集中统一领导必须作为党的领导的最高原则，贯彻到全党的一切工作和活动中。只要全党同志增强"四个意识"、坚定"四个自信"、做到"两个维护"，始终在思想上政治上行动上同以习近平同志为核心的党中央保持高度一致，我们党就能团结带领人民进行伟大斗争、建设伟大工程、推进伟大事业、实现伟大梦想，不断战胜前进道路上的艰难险阻，顺利实现党的历史使命。

四、严肃认真开展党内政治生活

严肃认真的党内政治生活、健康洁净的党内政治生态，是党的优

---

① 参见《坚持党的领导首先是坚持党中央的集中统一领导》，《学习时报》2016年12月12日。

良作风的生成土壤,是党永葆旺盛生命力的动力源泉,是保持党的先进性和纯洁性,提高党的创造力、凝聚力和战斗力的重要条件。抓好党内政治生活,全面从严治党就有了重要基础。严肃认真开展党内政治生活,要求全党同志都要行动起来,增强角色意识和政治担当,为净化党内政治生态作出贡献。

(一)严肃认真开展党内政治生活,是我们党的优良传统

严肃认真开展党内政治生活,是我们党区别于其他政党的重要特征,也是我们党的优良传统。我们党在创建之初就逐步认识到了党内政治生活的重要性。1929年12月,毛泽东同志在《古田会议决议》一文中批评党内主观主义错误时指出"纠正的方法:主要是教育党员使党员的思想和党内的生活都政治化,科学化"[1],强调"批评的主要任务,是指出政治上的错误和组织上的错误"[2]。党的七大总结历史经验,初步形成了以"理论联系实际、密切联系群众、批评和自我批评、实事求是、民主集中制、严明党的纪律"等为主要内容的党内政治生活基本规范。新中国成立后,党的八大强调党内斗争应当坚持"惩前毖后,治病救人""既要弄清思想,又要团结同志"的原则。1980年,党的十一届五中全会上通过《关于党内政治生活的若干准则》,第一次以党内法规的形式对党内政治生活作出全面规范。党的十八大以来,以习近平同志为核心的党中央把严肃党内政治生活、净化党内政治生态摆在更加突出的位置来抓,大力整治"四风",坚定不移惩治腐败,不断完善党内法规制度,党内政治生活和政治生态明显好转。党的十八届六中全会制定的《关于新形势下党内政治生活的若干准则》,对严肃党内政治生活提出了12个方面的实践要求。百年

---

[1] 《毛泽东选集》第一卷,人民出版社1991年版,第92页。
[2] 《毛泽东选集》第一卷,人民出版社1991年版,第91页。

来,我们党正是通过在党内政治生活中开展批评和自我批评、坚持民主集中制、严明党的纪律等来发现和解决自身存在的矛盾与问题,以不断实现自我革命和保持肌体健康。

(二)着力提高党内政治生活质量

没有质量,一切都不过是空谈。只有把思想建设放在首位,以党章为根本遵循,加强和规范党内政治生活,才能真正提高党内政治生活质量。

严肃认真开展党内政治生活,必须把党的思想建设放在首位,把坚定理想信念作为开展党内政治生活的首要任务。在建设中国特色社会主义的伟大征程中,共产主义远大理想和中国特色社会主义共同理想,是中国共产党人的精神支柱和政治灵魂,也是保持党的团结统一的思想基础。党的十八届六中全会通过的《关于新形势下党内政治生活的若干准则》把坚定理想信念作为开展党内政治生活的首要任务,要求全党同志必须把对马克思主义的信仰、对社会主义和共产主义的信念作为毕生追求,坚定对中国特色社会主义的道路自信、理论自信、制度自信、文化自信,筑牢信仰之基、补足精神之钙、把稳思想之舵。在现实生活中,有的党员干部被错误思潮左右,在大是大非面前态度暧昧;有的党员干部满足于混日子,得过且过;有的党员干部陷入封建迷信的泥潭不能自拔;有的党员干部利欲熏心,功利至上,甚至贪污受贿。之所以出现这些问题,归根结底是因为这些党员干部的理想信念发生了动摇。所以,必须把坚定理想信念作为开展党内政治生活的首要任务,教育引导全党同志切实解决好世界观、人生观、价值观这个"总开关"问题。有了坚定的理想信念,站位就高了,眼界就宽了,心胸就开阔了,就能坚持正确政治方向,在胜利和顺境时不骄傲不急躁,在困难和逆境时不消沉不动摇,经受住各种风险和困难考验，自觉抵御各种腐朽思想的侵蚀，永葆共产党人政治本色。

严肃认真开展党内政治生活，必须以党章为根本遵循。党章是全党必须遵循的总章程、总规矩，涵盖了党的政治路线、思想路线、组织路线、群众路线，体现了党的政治要求、思想要求、组织要求、作风要求、纪律要求和生活要求等。在新形势下，继承和弘扬从严治党的优良传统，必须以党章为根本遵循加强和规范党内政治生活。要着力增强党内政治生活的政治性、时代性、原则性、战斗性，着力增强党自我净化、自我完善、自我革新、自我提高能力，着力提高党的领导水平和执政水平、增强拒腐防变和抵御风险能力，着力维护党中央权威、保证党的团结统一、保持党的先进性和纯洁性，努力在全党形成又有集中又有民主、又有纪律又有自由、又有统一意志又有个人心情舒畅生动活泼的政治局面。①

（三）着力增强党内政治生活的政治性、时代性、原则性、战斗性

政治性是党内政治生活的根本属性。着力增强政治性，核心是坚决维护以习近平同志为核心的党中央权威和集中统一领导。要不断坚定政治方向和政治信仰，把坚定理想信念摆在首位，始终坚定对马克思主义的信仰、对社会主义和共产主义的信念，始终坚定"四个自信"。牢固树立"四个意识"特别是核心意识、看齐意识，坚持政治原则和政治立场，保持政治警觉和政治清醒，严守政治纪律和政治规矩，始终把对党绝对忠诚作为根本政治要求和最重要的政治纪律，在任何时候、任何情况下都坚决维护习近平总书记党中央的核心、全党的核心地位，始终在思想上政治上行动上同以习近平同志为核心的党中央保持高度一致，确保全党始终统一意志、统一行动、步调一致，

---

① 参见柳建辉：《严肃认真开展党内政治生活》，《解放军报》2017年3月6日。

不断向着胜利前进。

时代性是党内政治生活的活力源泉。时代性是党的先进性的重要体现，离开时代性，党内政治生活就失去了生机活力。不同时代的党内政治生活的内容和形式是不同的，但是不管时代如何变化，一些体现规律性、根本性的基本规范和原则规定，都是不会被遗忘和抛弃的。增强党内政治生活的时代性，核心是不断改革创新、与时俱进。要坚持以习近平新时代中国特色社会主义思想为指导，深入分析和把握世情、国情、党情深刻变化条件下党内政治生活的新特点新要求，不断解放思想、改革创新、与时俱进，使党内政治生活紧跟时代发展步伐、吸收新的时代内容、科学回答时代课题，强化现实针对性。不断强化问题意识和问题导向，着力解决党内存在的突出矛盾和问题，提高党内政治生活的有效性。大力弘扬我们党的优良传统和宝贵经验，及时总结新做法新举措新经验，不断以新的经验指导新的实践。

原则性是党内政治生活的准绳，没有原则性或者原则性不强，就等于丧失或者模糊了是非曲直的标准，就会陷入混乱。增强党内政治生活的原则性，核心是严格按党内原则办事。要严格遵守党章、党内政治生活准则等党内规章制度以及我们党在长期实践中形成的优良传统、工作惯例，自觉在宪法和法律的范围内活动。要认真贯彻执行民主集中制，按照民主集中制原则来设定和处理党内组织和组织、组织和个人、同志和同志、集体领导和个人分工负责等重要关系，在党内形成清清爽爽的同志关系、规规矩矩的上下级关系。

战斗性是党内政治生活的鲜明特征。增强党内政治生活的战斗性，核心是敢于担当、勇于斗争，解决好党内存在的突出矛盾和问题。要运用好批评和自我批评这个锐利武器，开展积极健康的党内思想斗争，激浊扬清、锤炼党性。把纪律和规矩挺在前面，严格执纪问责，强化党内监督，坚决查处各种违反纪律规矩的行为。在大是大非面前，广大党员干部要立场坚定、旗帜鲜明，当人民利益受到损害、党和国家形象受到破坏、党的执政地位受到威胁时，要挺身而出、亮明态度，主动坚决开展斗争。各级党组织要严字当头，加强对党员干部的经常性教育、管理和监督，做到真管真严、敢管敢严、长管长严，把战斗性的要求贯穿和体现在党内政治生活的各个环节、各个方面，不断增强党自我净化、自我完善、自我革新、自我提高能力，永葆党的先进性和纯洁性。①

政治性、时代性、原则性、战斗性，是党内政治生活的基本特征，反映党内政治生活的本质要求，具有很强的现实针对性。严肃认真开展党内政治生活必须以此作为重要抓手，重点发力、协同发力，既要有效发挥它们各自的作用，又要有效释放它们的整体效能，从而提高党内政治生活质量。

五、发展积极健康的党内政治文化

党内政治文化建设是党的建设的重要内容，也是党自我完善、自我发展的重要法宝。习近平总书记提出新时代党的建设的一项重要任务，就是要注重发展积极健康的党内政治文化，培厚良好政治生态的土壤，强壮我们党的肌体，增强执政能力。发展积极健康的党内政治文化，主要应从以下几个方面着力。

（一）以理想信念教育塑造党内政治文化灵魂

理想信念是共产党人的精神之"钙"，是党内政治文化的灵魂。中国共产党自诞生之日起就始终重视党员的理想信念和价值观教育。

---

① 参见穆兆勇：《着力增强党内政治生活的"四性"》，《学习时报》2017年1月2日。

例如，针对抗日战争初期一部分人面对强大的日本侵略者缺乏抗战必胜信念的不利情况，毛泽东同志科学分析中国须经过长期斗争赢得战争胜利的必然性，并指出共产党员必须树立抗战必胜的理想信念，才能凝聚全体国民的力量，最终取得抗日战争的胜利。又如，针对抗战时期部分党员对革命前途未卜的迷茫认识，毛泽东同志指出抗战胜利后全党要为建立一个新民主主义共和国这一理想而奋斗。进入新时代，作为一个拥有9500多万名党员、480多万个基层党组织的世界第一大党，党员干部的理想信念状况如何，已经成为事关我们党和国家前途命运的重大问题。近些年来，受到各种因素的影响和冲击，党内出现了不少在思想上、组织上和作风上与党和人民利益不相符甚至是违背的突出问题，部分党员干部理想信念教育滞后、信仰缺失，一些领导干部违反政治纪律和政治规矩、贪污腐败，从根源上说都是思想上、政治上出了问题，是"总开关"出了问题。理想信念动摇了，党内政治文化就会面临迷失方向、蜕化变质、走上邪路的危险。在全党加强理想信念教育，要根据社会发展和时代进步的要求，不断创新教育形式，尤其应更加注重通过将马克思主义的立场、观点、方法和共产主义理想信念寓于具体的社会实践之中，从而实现潜移默化的效果。党的十八大以来，在党的群众路线教育实践活动、"三严三实"专题教育、"两学一做"学习教育、"不忘初心、牢记使命"主题教育的推动下，多种形式的理想信念教育在全党进一步强化塑造了党内政治文化灵魂。

（二）坚持马克思主义科学理论武装

中国共产党是以马克思主义为指导的政党。加强党内政治文化建设必须坚持和巩固马克思主义在意识形态领域中的指导地位。只有始终坚持马克思主义的立场、观点、方法，用马克思主义中国化的理论成果特别是习近平新时代中国特色社会主义思想武装和教育全党，才能确保党内政治文化的科学性和先进性。党的十八大以来，在党内政治文化的引领下，虽然全党的政治意识和政治觉悟显著提升，但在一些党员干部中仍然存在不讲政治、不敢讲政治、讲政治不够理直气壮的问题。对此，必须坚持和巩固马克思主义的指导地位，将政治立场、政治原则、政治方向、政治纪律、政治要求等贯穿于党内政治文化建设的各方面和全过程，让党所倡导的理想信念、价值理念、优良传统深入党员干部头脑。

（三）弘扬共产党人价值观

习近平总书记提出了"忠诚老实、光明坦荡、公道正派、实事求是、艰苦奋斗、清正廉洁"等共产党人价值观，这是新时代共产党人道德品行教育的原则和方向，必须积极倡导和弘扬。"忠诚老实"既是党对党员最基本的政治要求，也是党员最重要的政治素养。党员干部要牢记自己的第一身份是共产党员，第一职责是为党工作，做到忠诚于组织，任何时候都与党同心同德，说老实话、办老实事、做老实人。党员能否做到对党、对人民忠诚老实，不是小事，而是关系党内政治生态和党的事业兴衰的大问题。"光明坦荡"体现了党性修养，是党性锤炼的要求。党员要光明磊落，堂堂正正，面对缺点和问题不掩饰、不回避，面对批评，要有刀刃向内的勇气，勇于自我剖析和自我革命。"公道正派"要求共产党人无论在工作中还是在生活中始终做到作风正派、品行端庄、规矩严谨，不仅要自觉遵守大众认可的道德规范、法律法规，还要严格遵守党章党规党纪，处事公道、待人公平。"实事求是"是马克思主义的精髓，是共产党人的重要思想方法。广大党员一定要坚持解放思想、实事求是、与时俱进，随时准备坚持真理、修正错误。凡是有利于党和人民事业的，就坚决干、加油干、一刻不停歇地干；凡是不利于党和人民事业的，就坚决改、彻底改、一刻不耽误地改，不断开创事业发展新局面。"艰苦奋斗"是共产党人的政治本色，是强大的红色精神力量。无论我们国家发展到什么水平，无论人民生活改善到什么程度，艰苦奋斗、勤俭节约的思想永远不能丢。"清正廉洁"是我们党的显著特点和政治优势，是党带领全国人民经受考验、战胜困难、取得胜利的传家之宝。无论是做人还是做事，共产党员都要把清正廉洁作为底线和准则，秉公办事、依法行权，永葆共产党人勤政为民、清廉为公的政治本色。

（四）以正确的选人用人导向壮大党内政治文化主体

广大党员干部是党内政治文化的建设主体和享有主体，确立正确的选人用人导向能够使越来越多的优秀党员干部脱颖而出，从而不断壮大党内政治文化主体。习近平总书记指出："选什么人就是风向标，就有什么样的干部作风，乃至就有什么样的党风。"[1] 党的十九届四中全会强调，要坚持德才兼备、选贤任能的人才选用标准。

突出一个贤字。坚持党管干部原则，把是否忠诚于党和人民、是否具有坚定理想信念，是否树牢"四个意识"、坚定"四个自信"、做到"两个维护"，是否全面贯彻执行党的理论和路线方针政策，作为衡量干部的第一标准，对政治不合格的实行一票否决，已经在领导岗位的也要坚决调整，确保把政治上的两面人辨别出来、清除出去，努力营造群贤毕至的生动局面，让见贤思齐蔚然成风。

突出一个能字。以更高的站位、更宽的视野，打破政策壁垒，坚持事业需要什么样的人就选什么样的人，岗位缺什么样的人就配什么样的人，以识才的慧眼、爱才的诚意、用才的胆识、容才的雅量、聚

---

[1] 《习近平总书记系列重要讲话读本》，学习出版社、人民出版社2014年版，第163页。

才的良方引领集聚各方面优秀人才，着力推动人才优势向发展优势转化。要旗帜鲜明地为干事创业者撑腰鼓劲，为遭受不公正对待的干部澄清正名、说公道话，让干部放下包袱、轻装上阵，心情畅快地投入到工作中去。

突出一个公字。严格按政策办事、按规矩办事、按程序办事，公道对待干部、公平评价干部、公正使用干部，自觉抵制和反对各种庸俗文化，不搞亲疏远近，不以人划线，不讲门第背景，做到一碗水端平。要对任人唯亲、说情打招呼、跑官要官、买官卖官、拉票贿选等行为零容忍，对"带病提拔"的干部严格倒查，对政治标准把关不严的严肃处理。①

（五）营造良好政治生态，涵养风清气正、积极健康的价值取向

党内政治文化与政治生态是辩证统一的关系。有什么样的党内政治生态，就会有什么样的党内政治文化。因此广大党员干部必须营造风清气正的政治生态，坚决防止和反对庸俗腐朽的政治文化。

抓好"关键少数"。抓住领导干部这个"关键少数"，就抓住了营造风清气正政治生态的"牛鼻子"。要积极引导各级领导干部特别是一把手，带头加强党性修养，带头坚守政治原则，带头执行民主集中制，带头管好亲属和身边人，带头推动政治生态弊绝风清、海晏河清。要旗帜鲜明地抵制和反对庸俗关系学、厚黑学、官场术、潜规则等庸俗腐朽的政治文化，反对当面一套、背后一套的两面人做派，反对拉帮结派的圈子文化、码头文化，反对明哲保身的"官场哲学"，抵制商品交换原则对党内政治生活的侵蚀，不断涤荡歪风邪气，提升党内政治文化的生命力和影响力。

---

① 参见王凯：《发展积极健康的党内政治文化》，《党建研究》2020年第4期。

发挥熔炉作用。要持续增强党内政治生活的政治性、时代性、原则性、战斗性,认真落实"三会一课"、民主生活会和组织生活会、谈心谈话、民主评议党员和主题党日等制度,用好批评和自我批评这个有力武器,使红脸出汗、咬耳扯袖成为常态,让熔炉真正热起来,发挥好教育党员和解决问题的作用。要牢牢抓住党内民主这条生命线,增强贯彻执行民主集中制的自觉意识和本领能力,既要坚决反对一言堂、家长制,又要防止议而不决、决而不行,推动形成又有集中又有民主、又有纪律又有自由、又有统一意志又有个人心情舒畅生动活泼的政治局面。①

强化规矩意识。"欲知平直,则必准绳;欲知方圆,则必规矩。"要通过严明纪律规矩,产生行为约束,构建行为准则,形成行为自觉。要敢于动真碰硬,压实主体责任,构建层层传导、失责必问的工作模式,对踩红线、闯雷区的行为发现一起、查处一起,督促各级党组织和各级领导干部自觉按照纪律规矩办事、用权。要加强纪律教育,强化纪律执行,让党员干部知敬畏、存戒惧、守底线,习惯在受监督和约束的环境中工作生活。

---

① 参见王凯:《发展积极健康的党内政治文化》,《党建研究》2020年第4期。

第四章 实践信仰，知行合一
——革命理想高于天

信仰是一个政党区别于其他政党的根本。为什么政党是这个样子，而不是别的什么样子？区别在于它的信仰。中国共产党从成立之日起，就把马克思主义写在自己的旗帜上，把实现共产主义作为最高理想和最终目标。对马克思主义的信仰，对共产主义和社会主义的信念，是共产党人的根本。中国共产党之所以是中国共产党，就源于它对共产主义的信仰和对共产主义的不懈追求。

但是，对政党来说信仰不仅要知之真切，更要行之笃实。中国共产党革命、建设、改革的100年就是实践信仰的100年。正因为实践信仰，所以中国共产党能奉献、敢牺牲。毛泽东同志在党的七大上满怀豪情地说："我们党尝尽了艰难困苦，轰轰烈烈，英勇奋斗。从古以来，中国没有一个集团，像共产党一样，不惜牺牲一切，牺牲多少人，干这样的大事。"① 这是中国共产党为信仰而奋斗，为人民而牺牲的"立此存照"。有这样信仰的政党是伟大的政党，能实践这样信仰的政党更是伟大的政党。

---

① 《建党以来重要文献选编（一九二一——一九四九）》第二十二册，中央文献出版社2011年版，第118页。

一、铸魂"补钙",强筋壮骨

一个人若身体缺钙,就容易骨质疏松,患上软骨病。同样,一个人若没有精神支柱,就必然会思想迷茫、萎靡颓废,甚至误入歧途、坠入深渊。理想信念犹如精神之"钙",共产党人的钢筋铁骨就是靠精神之"钙"铸就的。只有我们具备坚定的理想信念,才能经受血与火的考验,抵御名和利的诱惑,矢志不渝地朝着目标前进。

(一)追求崇高的理想信念,是高尚价值观的反映

理想和信念,通俗来讲,就是人生的价值观,就是人们所信仰、向往、追求的奋斗目标。理想信念是人生目标的直接反映,是人生价值的客观表现和核心形态。由于个人的价值观不同,追求的目标不同,理想和信念的层次也就不同,有高尚、远大、美好和卑下、低微、龌龊之分。在中国的历史文化传承中,"先天下之忧而忧,后天下之乐而乐"一直被奉为高尚的价值观,表达了高尚者胸怀天下、为民为国的理想、情操和追求。"人不为己,天诛地灭"的极端个人主义价值观始终是被唾弃和鄙视的。

显而易见,理想有个人理想和社会共同理想之分。社会共同理想是个人理想的实现条件,决定和制约着个人理想,个人理想只有同社会的需要和大多数人的利益一致,才有可能实现。而个人理想也体现着社会共同理想,包含着千千万万人的个人理想。社会共同理想的实现,要靠全体社会成员的努力奋斗。社会共同理想以个人理想为基础,个人理想以社会共同理想为导向。个人理想与社会共同理想之间的辩证统一和相互制约的关系告诉我们,作为一般的社会人,无须指责人们为了实现个人的利益和价值所进行的努力与奋斗,事实上,追

求远大理想和获得现实利益之间并不矛盾。

令人担忧的是，近年来，个别人把追求物质利益作为实现人生"理想"的唯一目标。低层次的、以个人为中心的对"理想"的理解和追求，使他们变得目光短浅、精于算计、唯利是图，变得追逐名利、弄虚作假、道德沦丧。金钱、名车、豪宅、官位、权力成为衡量"理想"是否实现的标准。个别共产党员和领导干部受这些不良思想的影响，忘记了自己的入党誓词和初衷，私心和贪欲无限膨胀，陷入贪污腐败的泥潭，成为党和人民的败类。教训沉重，令党和人民痛心。①

习近平总书记深刻指出："理想信念就是共产党人精神上的'钙'，没有理想信念，理想信念不坚定，精神上就会'缺钙'，就会得'软骨病'。""现实生活中，一些党员、干部出这样那样的问题，说到底是信仰迷茫、精神迷失。"② 习近平总书记用"缺钙"和"软骨病"生动形象地比喻一些党员干部理想信念不坚定，同时也揭示出一些官员问题频出的本质。

事实证明，没有理想信念，就会导致政治上变质、经济上贪婪、道德上堕落、生活上腐化。而什么时候不"补钙"了，什么时候就有理想信念缺失的危险。从落马的党员领导干部的腐化堕落历程看，他们的忏悔录中经常提到自己"心理失衡""抵挡不住权、钱、色的诱惑"……说到底，这就是理想信念出现了问题，抛弃了入党时的铮铮誓言，放弃了世界观、人生观、价值观的改造，背离了为人民服务的宗旨，一旦手中掌握了一定权力，心中的欲望如野草般蔓延，由心态失衡到行为失矩，一步步走上毁灭之路。把党和人民赋予的权力作为谋取私利的手段，动辄上千万、上亿的贪资，令人震惊。案发后，他

---

① 参见程萍：《坚定理想信念，精神上"不缺钙"》，人民网2017年4月20日。
② 《十八大以来重要文献选编》（上），中央文献出版社2014年版，第80—81页。

第四章 实践信仰,知行合一——革命理想高于天

们在接受组织调查时却又发出"肠子都悔青了!"的感慨。同时,我们还要看到那些目前在领导干部岗位的党员"缺钙"的表现,有的领导干部宗旨意识不强,权力观错位,缺乏责任感;有的领导干部是非观念淡薄、原则性不强、正义感退化,不谋公事、不愿担当,"为官不为";有的领导干部不信马列信鬼神,从封建迷信中寻找精神寄托,热衷于请大师看风水,算命看相,遇事"问计于神";等等。对此,如果不反躬自省,不加以控制,不补精神之"钙",任其发展下去,就会在面临政治考验时迷失方向,在金钱和美色的攻击下成为"俘虏",最终落得身败名裂的下场。

坚定的信仰始终是党员干部站稳政治立场、抵御各种诱惑的决定性因素。习近平总书记指出:"有了坚定的理想信念,站位就高了,眼界就宽了,心胸就开阔了,就能坚持正确政治方向,在胜利和顺境时不骄傲不急躁,在困难和逆境时不消沉不动摇,经受住各种风险和困难考验,自觉抵御各种腐朽思想的侵蚀,永葆共产党人政治本色。"①

回顾百年历史,中国共产党之所以能够取得革命、建设和改革的成功,带领全中国人民从胜利走向胜利,走向幸福,走向更加美好的未来,就是因为中国共产党人在马克思主义理论的指导下,明确了实现共产主义的伟大目标,确立了使中华民族繁荣昌盛、人民共同富裕的伟大理想和信念。每一位共产党员在入党宣誓的时候,都会神圣地举起右手庄严承诺"为共产主义奋斗终身,随时准备为党和人民牺牲一切,永不叛党"。这个理想和信念,深深地扎根在许多共产党员的心中。战争年代,他们抛头颅、洒热血,面对敌人的刺刀和老虎凳,眼都不眨,用鲜血和生命践行着自己的誓言。然而,在今天,少数党

---

① 《十八大以来重要文献选编》(上),中央文献出版社 2014 年版,第 117 页。

员的理想信念逐渐模糊了。有媒体报道,有的大学生党员到外企应聘,为了"避免误会""不给自己添麻烦",闭口不提甚至否认自己的"中共党员"身份。湖北某市一个镇政府的8名党员干部为了出入境方便,隐瞒真实情况,修改政治面貌,工作单位填的是"个体户"或"无业",并将旅游费用在镇财政报销。事情被曝光后,舆论哗然。这些人仅仅为了谋私利、图方便而挖空心思隐瞒自己的党员身份,那么,共产党员的身份,是使命、荣誉和责任,还是压力、负担与招牌?这个例子充分说明了信念信仰的重要性,体现了加强理想信念教育的重要性。

(二)补足理想信念的"钙"

党的十八届六中全会通过的《关于新形势下党内政治生活的若干准则》和党的十九大报告把共产主义远大理想和中国特色社会主义共同理想,说成是中国共产党人的精神支柱和政治灵魂,也是保持党的团结统一的思想基础。人的一切行动都是在思想、观念的支配下发生的。有理想信念,有追求,那就是有方向,有灵魂;没有理想信念,那就可能什么事情都会发生了。

近年来落马的"大老虎",为什么会落马?他们身上有两个共同点:一是丧失了理想信念,他们忘了自己的初心,头脑里只剩下权和钱了。二是他们缺乏对党纪国法的敬畏。

习近平总书记特别强调理想信念,特别强调"补钙",要求党员干部尤其是领导干部要坚定理想信念,不仅要坚信马克思主义,坚信共产主义和中国特色社会主义,还要带头践行社会主义核心价值观。

有人认为马克思主义是西方人在170多年前创立的,没必要坚持了,坚持中国特色社会主义理论体系就够了,这是错误的认识。需要特别强调的是,马克思主义最重要最基本的东西是永远不会过时的,比如马克思主义的科学世界观和方法论不存在过时的问题。如果真学会用，一定受益无穷。再比如马克思主义的根本价值观，要实现人的共同富裕，实现人的完全平等，实现每个人自由全面的发展，谁有理由说这个价值观不好呢？但需要说明的是，马克思主义必须与中国的具体实际相结合，才能产生强大的物质力量。

还有就是要坚信共产主义和中国特色社会主义。坚定共产主义理想要求党员坚定不移地走中国特色社会主义道路，认真贯彻执行党在现阶段的历史任务和具体工作。习近平总书记指出："必须认识到，我们现在的努力以及将来多少代人的持续努力，都是朝着最终实现共产主义这个大目标前进的。同时，必须认识到，实现共产主义是一个非常漫长的历史过程，我们必须立足党在现阶段的奋斗目标，脚踏实地推进我们的事业。"[①] 只有心怀共产主义远大目标，才能在中国特色社会主义道路上坚定前行；只有把共产主义远大理想同实现党在现阶段的历史任务结合起来，才能把满腔政治热情转化为做好本职工作的强大动力。同时，也只有扎实完成党在现阶段的各项具体工作，才能为最终实现共产主义打下坚实的基础。

习近平总书记还要求党员领导干部带头践行社会主义核心价值观。党的十八大以来，中央高度重视培育和践行社会主义核心价值观。习近平总书记多次作出重要指示。《关于新形势下党内政治生活的若干准则》也明确规定，领导干部特别是高级干部必须带头践行社会主义核心价值观，继承和发扬党的优良传统和作风，弘扬中华民族传统美德，讲修养、讲道德、讲诚信、讲廉耻，养成共产党人的高风亮节，自觉远离低级趣味。但是有些领导干部在诚信方面做得远远不够。比如，有的领导干部为了升官改年龄，伪造学历、履历等，一段

[①] 《十八大以来重要文献选编》（上），中央文献出版社2014年版，第115—116页。

时间以来这都是经常发生的事情。当前我们党在选拔干部的时候特别注意这些方面的问题，如果有人有这方面的问题，那么一定不会被选拔的。通过努力，社会主义核心价值观就从软要求变成了硬约束，如果领导干部不遵循社会主义核心价值观就要付出代价，受到惩处。

总而言之，补足理想信念的"钙"，不仅要坚信马克思主义，坚定共产主义远大理想，坚定中国特色社会主义信念，还要带头践行社会主义核心价值观。

坚定理想信念并不是一蹴而就的，更不是一劳永逸的。以前信仰坚定，并不代表以后信仰坚定；现在信仰坚定，并不代表永远信仰坚定。"补钙"不可能吃一次管几十年，补精神之"钙"也不可能补一次顶一辈子，必须不忘初心、念兹在兹、常思常省，在实践中特别是在困难和曲折时砥砺心性、磨炼定力，真正把坚定理想信念作为一生的必修课来对待、来完成。

二、理想信念来自对马克思主义科学真理的牢牢把握

共产主义是共产党人追求的最高理想。党章对于党的最终奋斗目标的根本规定是："党的最高理想和最终目标是实现共产主义。"共产党之所以叫共产党，就是因为它是以马克思主义为根本理论基础、以实现共产主义为最终奋斗目标的。党章对于共产党员的本质规定是："中国共产党党员是中国工人阶级的有共产主义觉悟的先锋战士。"共产党员的先进性和纯洁性聚焦到一点，就是必须具有共产主义世界观，坚持共产主义最高理想，为实现共产主义奋斗终身。

中国共产党人理想信念中第一位的是对马克思主义的信仰。因为马克思主义是科学真理，是世界观、价值观、人生观，是"总开关"。

第四章 实践信仰,知行合———革命理想高于天

习近平总书记指出:"中国共产党人的理想信念,建立在马克思主义科学真理的基础之上,建立在马克思主义揭示的人类社会发展规律的基础之上,建立在为最广大人民谋利益的崇高价值的基础之上。我们坚定,是因为我们追求的是真理。我们坚定,是因为我们遵循的是规律。我们坚定,是因为我们代表的是最广大人民根本利益。"① 马克思主义是我们立党立国的根本指导思想。背离或放弃马克思主义,我们党就会失去灵魂、迷失方向。在坚持马克思主义指导地位这一根本问题上,我们必须坚定不移,任何时候、任何情况下都不能有丝毫动摇。②

共产党人坚定理想信念,必须深刻理解和牢牢把握马克思主义科学真理。马克思主义之所以是科学真理,就在于它具有科学的精神内核、时代的理论品格、实践的本质特征。它的辩证唯物主义和历史唯物主义,深刻揭示了自然界、人类社会和思维发展的普遍规律;它的剩余价值学说,科学分析了资本主义社会的内在矛盾。正是在唯物辩证法、唯物主义历史观、剩余价值学说的基础上它提出了科学社会主义理论,建立了社会主义社会和共产主义社会的远大理想。马克思主义不仅致力于科学地"解释世界",还致力于积极地"改变世界",它关于工人阶级、劳动人民和全人类解放的科学的思想体系,指明了人类社会的前进方向。这就是马克思主义的科学真理性所在,也是马克思主义的科学理论力量所在。1848年,马克思、恩格斯发表了《共产党宣言》,标志着科学社会主义的诞生。自那时起,共产主义就成为科学的理论、实践的运动和共产党人的崇高信仰。③ 1883年3月,恩

---

① 《十八大以来重要文献选编》(下),中央文献出版社2018年版,第398页。
② 参见冯俊:《理想信念是中国共产党人的精神支柱和政治灵魂》,《学习时报》2017年1月3日。
③ 《坚持不忘初心 坚定理想信念——学习习近平总书记"七一"重要讲话》,《中国纪检监察报》2016年8月24日。

兴党强党　砥砺前行

格斯在马克思墓前的讲话中这样评价："正像达尔文发现有机界的发展规律一样，马克思发现了人类历史的发展规律"①，"马克思还发现了现代资本主义生产方式和它所产生的资产阶级社会的特殊的运动规律"②。马克思主义揭示的人类社会最终走向共产主义的必然趋势，奠定了共产党人坚定理想信念、坚守精神家园的理论基础。无数共产党人，无论是顺境还是逆境，始终坚定自己的理想信念不动摇，为自己选定的共产主义信仰笃行终身。周恩来同志就是不忘初心、坚守信仰的精神楷模。他在确立共产主义信仰时就说过："我认的主义一定是不变了，并且很坚决地要为他宣传奔走。"③ 他还说过："在任何艰难困苦的情况下，都要以誓死不变的精神为共产主义奋斗到底。"④ 20世纪发生东欧剧变时，邓小平同志曾指出："马克思主义是打不倒的。打不倒，并不是因为大本子多，而是因为马克思主义的真理颠扑不破。""我坚信，世界上赞成马克思主义的人会多起来的，因为马克思主义是科学。"⑤ "不要惊慌失措，不要认为马克思主义消失了，没用了，失败了。哪有这回事！"⑥

人类社会发展到今天，仍然没有超越马克思所阐明的发展规律。每当人类社会发生重大危机或重大转折的重要时刻，人们就会重新回到马克思那里寻求答案，2008年金融危机时《资本论》在西方热销就证明了这一点。人们看到，迄今为止，还没有一种理论像马克思主义这样，能够鼓舞数十亿人为改变自身命运而奋斗，指引人类社会向着崇高理想而不断前进。所以，习近平总书记指出："无论时代如何变迁、科技如何进步，马克思主义依然显示出科学思想的伟力，依然占

---

① 《马克思恩格斯全集》第二十五卷，人民出版社2001年版，第594页。
② 《马克思恩格斯全集》第二十五卷，人民出版社2001年版，第597页。
③ 《周恩来年谱（一八九八——一九四九）》（修订本），中央文献出版社1998年版，第56页。
④ 《周恩来年谱（一八九八——一九四九）》（修订本），中央文献出版社1998年版，第573页。
⑤ 《邓小平文选》第三卷，人民出版社1993年版，第382页。
⑥ 《邓小平文选》第三卷，人民出版社1993年版，第383页。

据着真理和道义的制高点。"①

对于共产党人来讲,马克思主义基本原理是看家本领。要练好看家本领,就必须认真学习马克思列宁主义、毛泽东思想和中国特色社会主义理论体系,认真学习领会习近平新时代中国特色社会主义思想,切实做到真学真懂真信真用。习近平新时代中国特色社会主义思想,是马克思主义中国化的最新成果,是指导具有许多新的历史特点的伟大斗争的鲜活的当代中国马克思主义。我们要坚持用习近平新时代中国特色社会主义思想武装头脑、指导实践、推动工作,要坚持读原著、学原文、悟原理,掌握马克思主义的立场、观点、方法,不断提高马克思主义思想觉悟和理论水平,始终保持对远大理想和奋斗目标的清醒认知和执着追求,始终高扬理想信念旗帜,坚持把马克思主义基本原理同当代中国实际和时代特点紧密结合起来,不断推进理论创新、实践创新,做共产主义远大理想和中国特色社会主义共同理想的坚定信仰者和忠实实践者。

理想信念标识着政党的价值追求和精神动力,回答了政党因何而来、为何而去的问题。没有远大理想的激励和引领,再崇高的事业也可能会失去精神支撑和强大动力。党章规定,党员必须为共产主义奋斗终身,并且必须面向党旗庄严宣誓。理想信念的坚定,是最根本的坚定;理想信念的动摇,则是最根本的动摇。作为一名共产党员,必须要把理想信念作为最基本的政治要求,真正成为具有共产主义觉悟的先锋战士,不断把为崇高理想奋斗的伟大实践推向前进。

三、把远大理想和共同理想统一起来

党的十九大报告指出:"共产主义远大理想和中国特色社会主义

---

① 习近平:《在哲学社会科学工作座谈会上的讲话》,新华网 2016 年 5 月 18 日。

兴党强党　砥砺前行

共同理想，是中国共产党人的精神支柱和政治灵魂，也是保持党的团结统一的思想基础。要把坚定理想信念作为党的思想建设的首要任务。"历史已经证明，只有社会主义能够救中国，只有中国特色社会主义才能实现中华民族伟大复兴。共产党员只有坚定共产主义远大理想和中国特色社会主义共同理想，才能不忘初心，自觉为实现新时代党的历史使命而不懈奋斗。

共产主义是我们党的远大理想。正如习近平总书记在庆祝中国共产党成立95周年大会上的讲话中指出的："中国共产党之所以叫共产党，就是因为从成立之日起我们党就把共产主义确立为远大理想。"100年前，从上海兴业路到嘉兴南湖红船，一群胸怀救国济民远大志向、接受马克思主义先进理论的年轻人聚在一起，建立了中国共产党。在党的纲领中，为共产主义、社会主义而奋斗毅然决然被确立下来，成为我们党的初心的深刻诠释。100年来，我们党之所以能够经受一次次挫折而又一次次奋起，归根到底是因为我们党有这份远大理想、坚定信念和崇高追求。不忘初心、牢记使命，就要坚定共产主义远大理想和中国特色社会主义共同理想，不断把为崇高理想奋斗的伟大实践推向前进。

夺取新时代中国特色社会主义伟大胜利，把我国建成富强民主文明和谐美丽的社会主义现代化强国，实现中华民族伟大复兴，是新时代全国各族人民的共同理想。党的十九大报告指出：经过长期努力，中国特色社会主义进入了新时代，这是我国发展新的历史方位。坚持和发展中国特色社会主义，总任务是实现社会主义现代化和中华民族伟大复兴，在全面建成小康社会的基础上，分两步走在21世纪中叶建成富强民主文明和谐美丽的社会主义现代化强国。坚持中国特色社会主义共同理想，必须用习近平新时代中国特色社会主义思想武装全党，牢牢把握社会主义初级阶段这个基本国情，牢牢立足社会主义初级阶段这个最大实际,牢牢坚持党的基本路线这个党和国家的生命线、人民的幸福线,为中国人民谋幸福,为中华民族谋复兴,为实现人民对美好生活的向往不懈奋斗。①

坚定理想信念,既要树立共产主义远大理想,又要坚持中国特色社会主义共同理想。必须深刻把握远大理想和共同理想的辩证关系,把践行共同理想和坚定远大理想统一起来。共产主义远大理想与中国特色社会主义共同理想相比较,是最高理想和当前理想的关系。共产主义远大理想是我们党的最高理想,是我们党的力量源泉、精神支柱,任何时候都不能动摇,不能含糊。同时要充分认识到,共产主义社会将是物质财富极大丰富,人民精神境界极大提高,每个人自由而全面发展的社会。共产主义只有在社会主义社会充分发展和高度发达的基础上才能实现,需要经历许多发展阶段,是社会主义社会的共产主义因素不断成长发展,由量的积累到质的飞跃的漫长历史过程。习近平总书记指出:"共产主义绝不是'土豆烧牛肉'那么简单,不可能唾手可得、一蹴而就,但我们不能因为实现共产主义理想是一个漫长的过程,就认为那是虚无缥缈的海市蜃楼,就不去做一个忠诚的共产党员。革命理想高于天。实现共产主义是我们共产党人的最高理想,而这个最高理想是需要一代又一代人接力奋斗的。如果大家都觉得这是看不见摸不着的东西,没有必要为之奋斗和牺牲,那共产主义就真的永远实现不了了。我们现在坚持和发展中国特色社会主义,就是向着最高理想所进行的实实在在努力。"② 习近平总书记的讲话表明,中国特色社会主义共同理想是共产主义最高理想在现阶段的具体体现,实现当前的共同理想和实现最高理想本质上是一致的。我们要实现共产主义最高理想,必须从革命、建设和改革不同阶段的实际出

---

① 参见王树荫:《坚持远大理想和共同理想相结合》,《光明日报》2017年11月7日。
② 习近平:《做焦裕禄式的县委书记》,《学习时报》2015年9月7日。

发,把奋斗目标置于不同社会阶段的现实基础之上,分阶段有步骤地推进我们的事业。当前,中国特色社会主义进入新时代,但是我国仍处于并将长期处于社会主义初级阶段的基本国情没有变,我们仍要脚踏实地地为坚持和发展中国特色社会主义不懈努力,为夺取新时代中国特色社会主义伟大胜利扎扎实实地做好现阶段的每一项工作。共产党员的远大理想,要落实到这里;衡量一个共产党员的信念是否坚定,着眼点也要放在这里。

没有远大理想,就会迷失前进方向;离开现实工作,再远大的理想也是空想。立足于新时代,我们应全面把握共产主义远大理想同中国特色社会主义共同理想的辩证统一关系,在中国特色社会主义建设实践中既要关注当下,踏踏实实为实现共同理想而努力;又要着眼长远,时刻不忘推进共产主义远大理想的实现。

四、把坚定共产主义信仰体现在实际行动中

1516年,英国人托马斯·莫尔出版《乌托邦》一书,成为社会主义从空想到科学、从思想到实践500年历程的开端。1848年,马克思、恩格斯为共产主义者同盟起草了纲领——《共产党宣言》,第一次全面系统地阐述了科学社会主义理论,指出共产主义运动将成为不可抗拒的历史潮流。从此,对共产主义的信仰成为共产党人安身立命的根本。坚定共产主义信仰不是一句空话,不是靠喊口号就可以实现的,而是需要实际行动。时代不断发展,形势不断变化,今天我们该如何坚定和践行共产主义信仰,不断彰显信仰的力量呢?

一要认识到共产主义信仰是崇高的。《共产党宣言》指出:"代替那存在着阶级和阶级对立的资产阶级旧社会的,将是这样一个联合

体，在那里，每个人的自由发展是一切人的自由发展的条件。"这是一个多么温暖人心的社会！在共产主义社会，没有压迫、没有剥削、各尽所能、按需分配。正因为如此，我们说共产主义理想是远大的、崇高的。正是由于对这个价值目标的坚持和追求，无数革命先驱不惜抛头颅、洒热血，用宝贵的生命浇灌理想信念之花。井冈山时期，生活之艰辛、斗争之残酷几乎到了极致。但在红军这支衣不蔽体、食不果腹的队伍中，就有留学生，还有北京大学等高校的学生。他们为何舍弃优裕的生活？归根结底就在于信仰的力量。百年来，我们党从50多人发展到9500多万人，愈行愈远、渐行渐大，其根本原因不正是共产主义崇高信仰的召唤吗？今天，我们生活在革命先烈流血牺牲换来的幸福时代，可以不再经受那样的苦难和流血，但一旦面对考验，同样要有为了崇高信仰而牺牲奉献的精神。

二要学习掌握马克思主义理论和中国特色社会主义理论体系。马克思主义理论是科学的理论体系，这也是共产党人坚定共产主义理想信念的基本理论前提。中国特色社会主义理论体系是结合中国社会主义发展的实际情况对马克思主义的丰富和发展，与马克思主义具有根本一致性。学习马克思主义理论和中国特色社会主义理论体系，首先，要研读经典著作。习近平总书记在谈到理想信念的问题时，多次要求广大领导干部多读《共产党宣言》，从中理解马克思主义的本质。马列主义经典著作、《毛泽东选集》、《邓小平文选》、《江泽民文选》、《胡锦涛文选》要经常地读，原原本本地学习，尤其是党的十八大以来党的重要文献、习近平新时代中国特色社会主义思想更要认真地研读，领会其中的丰富内涵，提高用马克思主义的立场、观点和方法分析、解决实际问题的意识和能力。其次，学习党的历史。学习党的历史更是我们在新时代坚持和发展中国特色社会主义、坚定共产主义远大理想的必修课。共产党人在学习党史的过程中，要准确地认识党的发展主线和本质，科学地对待党在历史上取得的经验教训和成就。在对过去的学习中把握现在，坚持党的领导，反对历史虚无主义。这样才能更好地树立共产主义远大理想，坚定共产主义理想信念。①

三要在加强对基本国情的准确把握中坚定共产主义信念。千里之行，始于足下。基本国情是坚定共产主义理想信念的立足点、出发点。我国仍处于并将长期处于社会主义初级阶段，这是我国的基本国情。社会主义初级阶段，是社会主义的不发达阶段，而社会主义又是共产主义的初级阶段，也是不可逾越的阶段。如果超越实际发展阶段，就会欲速则不达，甚至失败。我国现阶段确实还存在很多社会矛盾和问题，与共产主义理想差距很大。但正因为理想和现实有差距，我们才要努力奋斗。习近平总书记指出："必须认识到，我们现在的努力以及将来多少代人的持续努力，都是朝着最终实现共产主义这个大目标前进的。同时，必须认识到，实现共产主义是一个非常漫长的历史过程，我们必须立足党在现阶段的奋斗目标，脚踏实地推进我们的事业。"② 只有心怀共产主义远大目标，才能在中国特色社会主义道路上坚定前行，把共产主义远大理想同实现党在现阶段的历史任务结合起来，把满腔政治热情转化为做好本职工作的强大动力。同时，也只有扎实完成党在现阶段的各项具体工作，才能为最终实现共产主义打下坚实的基础。

四要坚持以人民为中心。《共产党宣言》所阐述的共产主义理论，最终的落脚点还是在于实现人的自由而全面的发展。它对共产党人领导无产阶级革命运动的进程提出了一些要求，阐明了共产党人和广大人民群众的关系。"共产党人没有任何同整个无产阶级利益不同的利

---

① 参见李丹：《坚定共产主义的理想信念——重读〈共产党宣言〉》，中国社会科学网2018年5月30日。
② 《十八大以来重要文献选编》（上），中央文献出版社2014年版，第115—116页。

益",明确指出了共产党始终代表的是广大无产阶级的根本利益,这就奠定了中国共产党全心全意为人民服务的宗旨和坚持群众路线的理论基础。因此,坚定共产主义的理想信念,就要求共产党坚持以人民为中心的发展导向,要求共产党人把握好人民群众的关切和愿望,始终把人民群众放在心上,说话、办事情心里要装着老百姓,为老百姓解决问题,始终与人民同呼吸、共命运、心连心,团结一致为实现人民对美好生活的向往不懈奋斗。

五要坚持党性原则。我们党之所以叫共产党,就是因为我们所追求的目标是共产主义,这是党的根本性质。共产党人的理想信念正是由这一性质以及对党员的要求所决定的,因此坚定理想信念就是要坚持党性原则。《共产党宣言》对共产党的原则、宗旨、特点以及行动纲领作了论述,在第二部分内容提到"共产党人始终代表整个运动的利益",表明了共产党人的目的是实现共产主义。只有坚持党性原则,做到心中有党、对党忠诚,行动上为党分忧、履行职责,才能夯实理想信念的坚实基础,坚定共产主义理想信念。[①]

六要严守党的纪律。铁的纪律是马克思主义政党的基本特性,也是实现共产主义信仰的基本保障。从《共产主义者同盟章程》和《共产党宣言》,到马克思、恩格斯、列宁关于创建和发展工人阶级政党的经典著作,无不体现对纪律的严格遵守。党的二大通过的第一部《中国共产党章程》,在第四章专门讲纪律,提出了9条纪律要求,涉及政治纪律、组织纪律、宣传纪律、党员从业纪律等。1941年,毛泽东同志在《反对主观主义和宗派主义》中指出:"路线是'王道',纪律是'霸道',这两者都不可少。"[②] 我们党历尽艰辛,一路从胜利走

---

① 参见李丹:《坚定共产主义的理想信念——重读〈共产党宣言〉》,中国社会科学网 2018 年 5 月 30 日。

② 《建党以来重要文献选编(一九二一——一九四九)》第十八册,中央文献出版社 2011 年版,第 593 页。

向胜利，统一的意志、统一的行动、统一的步调是根本保证。今天，我们面对西化分化图谋、物质利益诱惑，没有坚定的信仰、严明的纪律，是不可能履行好执政使命的。作为一名党员，守纪律是一条基本要求。如果对党的纪律都不能遵守，又何谈共产主义信仰呢？

　　坐而论道，不如起而行之。理想信念不是用来谈的，共产主义社会也不可能在空谈中达到，终究要见诸实践。实现共产主义最高理想需要一代又一代人接力奋斗，我们不能因为实现共产主义理想是一个漫长的过程就认为那是虚无缥缈的海市蜃楼。在理想信念问题上，不能空谈，不能含糊其辞、语焉不详。"土能浊河，而不能浊海；风能拔木，而不能拔山。"为实现共产主义理想而奋斗，把对共产主义的坚定信仰体现在实际行动中，我们就能真正做到"千磨万击还坚劲，任尔东西南北风"。

第五章　思想建党、理论强党——用党的创新理论武装全党

回望党的奋斗历程，中国共产党之所以能够历经艰难困苦而不断发展壮大，之所以能够完成近代以来许多其他政治力量不可能完成的艰巨任务，一个根本原因就在于高度重视思想建党、理论强党，使全党始终保持统一的思想、坚定的意志、协调的行动、强大的战斗力。新时代坚持思想建党、理论强党，就要用习近平新时代中国特色社会主义思想武装全党，把这一思想转化为共产党人的精神支柱、忠诚信仰、前进动力和行动指南。

一、思想建党、理论强党的重大意义

"中国共产党之所以能够历经艰难困苦而不断发展壮大，很重要的一个原因就是我们党始终重视思想建党、理论强党，使全党始终保持统一的思想、坚定的意志、协调的行动、强大的战斗力。"这是习近平总书记在纪念马克思诞辰200周年大会上回顾党的奋斗历程所得出的重要结论、所强调的重要经验。进入新时代，面对错综复杂的国际国内形势，我们党要取得具有许多新的历史特点的伟大斗争的新胜利，必须毫不动摇地坚持用马克思主义理论武装全党，持久深入推进思想建党、理论强党。

（一）坚持思想建党、理论强党，是马克思主义政党的内在要求

坚持思想建党、理论强党是马克思主义政党建设的原则和要求。早在世界上第一个无产阶级政党组织——共产主义者同盟创建之初，马克思、恩格斯就高度重视用科学社会主义理论来提高盟员的思想水平。马克思主义政党的性质，决定了中国共产党天生具有坚持思想建党、理论强党的内在要求，同时也为思想建党、理论强党提供了不竭动力。

习近平总书记指出："中国共产党是用马克思主义武装起来的政党，马克思主义是中国共产党人理想信念的灵魂。"[①] 我们党是马克思主义与中国工人运动相结合的产物，一开始就把马克思主义写在自己的旗帜上，作为党的指导思想，作为认识世界、把握规律、追求真理、改造世界的强大思想武器。指导思想是判断一个政党属性的首要标志。考察一个政党是不是真正的马克思主义政党，关键要看它是不是坚持以马克思主义为指导，是不是用马克思主义教育引导和武装全体党员。所以，思想建党、理论强党是马克思主义政党建设的基本原则。思想建党、理论强党的根本任务，就是要使全党始终团结在马克思主义的旗帜下，始终保持思想上的先进性和纯洁性，使广大党员真正从思想上入党，使全党始终保持统一的思想、坚定的意志、协调的行动、强大的战斗力。只有毫不动摇地坚持马克思主义的指导地位，坚持问题导向，坚持理论联系实际，用马克思主义的立场、观点、方法分析解决前进过程中遇到的重大理论和实践问题，才能保证中国特色社会主义道路越走越宽广。

---

① 习近平：《在纪念马克思诞辰200周年大会上的讲话》，新华网2018年5月4日。

第五章 思想建党、理论强党——用党的创新理论武装全党

（二）坚持思想建党、理论强党，是中国共产党的优良传统

我们党一路走来，经历了无数的坎坷与跌撞，但总能消除一个个拦路虎、搬开一块块绊脚石、跨过一道道沟坎，最终取得一次次胜利，主要靠的就是对科学理论的一贯重视，始终把马克思主义写在自己的旗帜上。回顾历史，始终坚持思想建党、理论强党是我们党的优良传统、宝贵经验和独特优势。

早在1929年，面对大革命失败的阴霾，面对"红旗还能打多久"的疑问，古田会议第一次以党的决议的形式确立了"思想建党"的基本原则，初步回答了如何从加强党的思想建设着手、保持党的无产阶级先锋队性质的问题。1945年，党的七大把毛泽东思想这一中国化的马克思主义正式写在党的旗帜上。在毛泽东思想的指引下，我们党创造性地探索和运用中国革命规律，团结带领人民取得新民主主义革命胜利。改革开放以来，我们党以巨大勇气进行前无古人的伟大探索，开辟了中国特色社会主义道路，形成了包括邓小平理论、"三个代表"重要思想、科学发展观在内的中国特色社会主义理论体系，这些都是马克思主义与中国社会主义建设和改革开放实际相结合的伟大理论成果，实现了我们党指导思想的与时俱进，同时，形成了党的理论创新每前进一步，理论武装就跟进一步，理论宣传就深入一步的经验。这使理论创新发挥了引领和推动实践的作用，推进了社会主义事业的发展，给党和国家带来新的面貌。

党的十八大以来，以习近平同志为主要代表的中国共产党人，顺应时代发展，从理论和实践结合上系统回答了新时代坚持和发展什么样的中国特色社会主义、怎样坚持和发展中国特色社会主义这个重大时代课题，创立了习近平新时代中国特色社会主义思想，为坚持和发展中国特色社会主义、实现"两个一百年"奋斗目标和中华民族伟大

复兴的中国梦提供了科学理论指导和行动指南。要在新时代坚持思想建党、理论强党，就要深刻把握习近平新时代中国特色社会主义思想的精髓，把习近平新时代中国特色社会主义思想同马克思列宁主义、毛泽东思想、邓小平理论、"三个代表"重要思想、科学发展观贯通起来，深刻领会贯穿其中的马克思主义立场、观点、方法，深刻领会它所体现的中国共产党人的政治立场、价值追求、历史担当意识、真挚为民情怀、务实思想作风、科学思想方法，增强对它的政治认同、思想认同、理论认同、情感认同，切实把思想和行动统一到习近平新时代中国特色社会主义思想上来。

（三）坚持思想建党、理论强党，是在激烈的国际竞争和国际斗争中把握战略主动的迫切需要

理论素质是民族素质、党和国家素质的灵魂，理论上的先进是执政党保持先进性的根本条件。从人类社会发展的历史看，思想理论的进步和飞跃是引领社会前进和历史发展的重要引擎之一。在人类历史上，奴隶社会代替原始社会、封建社会代替奴隶社会、资本主义社会代替封建社会，社会主义社会经过一个长期的发展必然代替资本主义社会，代替过程中的决定性因素都是生产力的发展。这个过程也是新的先进思想理论战胜旧的落后思想理论的过程。

从我们党的发展进程看，马克思主义中国化的伟大进程同中国革命、建设和改革的伟大进程是同步前进、相辅相成的。从世界各国的发展历史看，大国的兴衰演变，思想理论发挥了重要作用。国际竞争既是综合国力的竞争，也是思想理论的科学性、彻底性的竞争。①

当前，统筹中华民族伟大复兴战略全局和世界百年未有之大变

---

① 参见李洪峰：《新时代思想建党理论强党的根本任务》，《党建研究》2018年第8期。

局，对党的执政能力和领导水平提出了新的更高要求，从而对思想建党、理论强党提出了新的更高要求。一个马克思主义执政党，只有坚持与时俱进、掌握科学理论的最新成果，用科学的思维方式和思想方法武装起来，才能在千头万绪中抓住根本，才能牢牢把握历史大势，才能真正承担起引领时代、推动历史前进的领导责任，在日益激烈的国际竞争和国际斗争中保持战略清醒，把握战略主动，立于不败之地。我们党之所以特别强调实事求是、解放思想、与时俱进、求真务实，特别强调高举马克思主义伟大旗帜不动摇，特别强调不断推进马克思主义中国化，其根本道理就在这里。

思想建党，是我们党的创造性探索；理论强党，是我们党的鲜明特色。进入新时代，我们要赢得优势、赢得主动、赢得未来，必须坚持思想建党、理论强党，坚持用习近平新时代中国特色社会主义思想武装头脑、凝心聚魂，把党的科学思想理论转化为认识世界、改造世界的强大物质力量。

二、思想建党、理论强党的要求

"思想走在行动之前，就像闪电走在雷鸣之前一样。"思想建设是党的基础性建设。中国特色社会主义进入新时代，习近平总书记深刻指出，我们党历经艰难困苦创造新辉煌的重要原因就是始终重视思想建党、理论强党，鲜明提出增强党的思想引领力的时代命题。我们一定要聚焦新时代，立足新方位，从建设伟大工程的战略考量，把思想建党、理论强党摆在重要位置，不断凝心聚力，锻造坚强战斗力，回答好兴党强党的时代答卷。

(一) 把坚定理想信念作为党的思想建设的首要任务

党的十九大报告指出:"要把坚定理想信念作为党的思想建设的首要任务,教育引导全党牢记党的宗旨,挺起共产党人的脊梁,解决好世界观、人生观、价值观这个'总开关'问题,自觉做共产主义远大理想和中国特色社会主义共同理想的坚定信仰者和忠实实践者。"

坚定的理想信念是中国共产党人的精神支柱和政治灵魂,失去了理想信念就失去了灵魂。我们党从诞生之日起就把马克思主义写在自己的旗帜上,把实现共产主义确立为最高理想。马克思主义、共产主义信仰是共产党人的命脉和灵魂。在艰苦的战争年代,共产党人之所以不怕流血牺牲、不惧千险万难,就是因为我们有理想,有马克思主义信念,有共产主义信念。正是因为具有坚定的理想信念,李大钊同志站在绞刑架下仍然慷慨讲演:"不能因为你们绞死了我,就绞死了共产主义";方志敏同志在死囚牢里写下千古绝唱:"敌人只能砍下我们的头颅,决不能动摇我们的信仰!"我们党100年的奋斗历史充分证明,坚定的理想信念是共产党人的精神之基、力量之源,是我们党能够取得一个又一个胜利的重要原因。

习近平总书记指出:"坚定理想信念,坚守共产党人精神追求,始终是共产党人安身立命的根本。对马克思主义的信仰,对社会主义和共产主义的信念,是共产党人的政治灵魂,是共产党人经受住任何考验的精神支柱。形象地说,理想信念就是共产党人精神上的'钙',没有理想信念,理想信念不坚定,精神上就会'缺钙',就会得'软骨病'。"① 今天,我们党正领导全国14亿多人民进行具有许多新的历史特点的伟大斗争,但是有的党员干部或因物质利益诱惑、或因思想

---

① 《十八大以来重要文献选编》(上),中央文献出版社2014年版,第80页。

第五章　思想建党、理论强党——用党的创新理论武装全党

懈怠、或因意志薄弱出现了"信仰缺失，精神迷茫"的问题。正如习近平总书记强调的，干部队伍中存在的种种问题，正是因为少数党员干部理想信念动摇，是"总开关"失灵的问题。理想信念的动摇是最危险的动摇，理想信念的滑坡是最危险的滑坡。我们比其他任何时候都更需要为远大理想而奋斗的坚贞和勇气，需要为共同理想而奋斗的共识和力量。习近平总书记指出，我们党是否坚强有力，既要看全党在理想信念上是否坚定不移，更要看每一位党员在理想信念上是否坚定不移。确保全党每位党员在理想信念上的坚定不移，是一个刻不容缓又无法回避的重大时代课题。

人是要有点精神的，如果没有坚定的理想信念，就犹如断线的风筝，会在天空中漫无目的地飞舞；犹如没有指南针的航船，会迷失前进的方向。人生因有理想信念而更加精彩。对于共产党人而言，既然选择了共产主义远大理想和中国特色社会主义共同理想，就要"咬定青山不放松"，以理想信念铸就钢筋铁骨，永远不忘为民奋斗初心，始终站稳人民立场，把人民群众放在最高位置，把为人民服务作为最大追求，把实现人民利益作为最大目的，时刻把人民群众的事抓在手上，把人民群众的安危顶在头上，把人民群众的冷暖挂在心上，以实际行动取信于民，以实际成效造福于民，以实际成果回馈于民。

只要有了坚如磐石的理想信念和人民群众的大力支持，我们党就没有完成不了的任务，就没有克服不了的困难，就没有战胜不了的敌人。"基础不牢，地动山摇。"在中国特色社会主义新时代，思想建设是党的基础性建设，坚定理想信念又是党的思想建设的首要任务，建设坚强有力的马克思主义执政党，必须用习近平新时代中国特色社会主义思想武装广大党员干部的头脑，使全党保持统一的思想、坚定的

意志和强大的战斗力,为实现新时代党的历史使命提供思想基础。①

(二)把理论武装作为党的思想建设的重中之重

重视思想建设,既是马克思主义建党学说的一项基本原则,也是我们党始终保持先进性的一条重要途径。在我们党 100 年的奋斗历程中,始终把思想建设放在党的建设的首位。新时代思想建党、理论强党的重中之重,是要用习近平新时代中国特色社会主义思想武装全党。要围绕深入贯彻党的十九大精神,深刻理解坚持和发展中国特色社会主义,总任务是实现社会主义现代化和中华民族伟大复兴,清醒把握在全面建成小康社会的基础上,分两步走在本世纪中叶建成富强民主文明和谐美丽的社会主义现代化强国的根本目标;深刻理解新时代我国社会主要矛盾是人民日益增长的美好生活需要和不平衡不充分的发展之间的矛盾,清醒把握必须坚持以人民为中心的发展思想,不断促进人的全面发展、全体人民共同富裕的根本方向;深刻理解中国特色社会主义"五位一体"总体布局、"四个全面"战略布局,进一步坚定道路自信、理论自信、制度自信、文化自信;深刻理解全面深化改革的总目标是完善和发展中国特色社会主义制度、推进国家治理体系和治理能力现代化;深刻理解全面推进依法治国的总目标是建设中国特色社会主义法治体系、建设社会主义法治国家;深刻理解新时代的强军目标是建设一支听党指挥、能打胜仗、作风优良的人民军队,把人民军队建设成为世界一流军队;深刻理解中国特色大国外交的战略目标,进一步坚定推动构建新型国际关系、推动构建人类命运共同体;深刻理解中国特色社会主义最本质的特征是中国共产党的领导,中国特色社会主义制度的最大优势是中国共产党的领导,党是最

---

① 参见徐晨光、郝涛:《新时代党的建设新要求》,红网 2017 年 10 月 22 日。

高政治领导力量，进一步坚定全面从严治党、全面加强党的领导的决心和信心；深刻理解新时代坚持和发展中国特色社会主义的基本方略，全面贯彻党的基本理论、基本路线、基本方略，更好地引领党和人民事业发展。

（三）抓好领导干部这个"关键少数"

新时代思想建党、理论强党的一个重要任务，是要抓好领导干部特别是高级干部的学习。各级领导干部作为"关键少数"，要当好"领头雁"，发挥"头雁效应"，努力做学习践行中国特色社会主义理论体系，尤其是习近平新时代中国特色社会主义思想的表率，自觉在思想上、政治上、行动上同以习近平同志为核心的党中央保持高度一致。要发挥好党委中心组学习的"龙头"作用，在见之于行动、听之于研讨、感之于思想中，把党委中心组学习办成学习理论汲取智慧的讲台、了解世界把握国情的窗口、启迪思想引领方向的阵地。要提升党的理论武装工作水平，瞄准摸透新媒体时代的特点和规律，善于就事论理，运用群众喜闻乐见的传播方法吸引人，运用更加贴近、更有温度的思想表达打动人，努力增强理论武装工作的针对性、有效性，真正把科学理论的真理道义优势转化为领航引向的话语优势，让新思想激荡出更加鼓舞人心的前进力量。[①]

党的事业不断发展前进，党的理论不断发展前进，党的队伍不断新老更替，这些都赋予我们党思想建党、理论强党的新任务。在新的历史起点上，我们要深刻认识理论武装的重要性，以思想的先进性和纯洁性，激励全党不忘初心、牢记使命、永远奋斗，汇聚起同心共筑中国梦的磅礴力量。

---

① 参见双传学：《坚持思想建党 增强党的思想引领力》，《党建研究》2018年第5期。

三、用习近平新时代中国特色社会主义思想武装全党

"山无脊梁要塌方，人无脊梁会垮掉。"① 现实表明，一些党员干部包括高级干部，之所以理想信念动摇蜕变，是因为不重视学习、思想防线失守、信仰信念缺失。这告诫我们，无论职位高低，加强理论武装，始终是共产党人坚定理想信念的根本途径。列宁曾指出："从革命理论中能取得一切信念。"② 当前最紧要最根本的是用习近平新时代中国特色社会主义思想武装全党，教育引导广大党员、干部深入领会其时代背景、核心要义、丰富内涵和实践要求，掌握贯穿其中的马克思主义立场观点方法，切实打牢坚定理想信念的思想理论根基，把这一思想转化为共产党人的精神支柱、忠诚信仰、前进动力和行动指南。

（一）习近平新时代中国特色社会主义思想形成的时代背景

马克思和恩格斯有一句名言："一切划时代的体系的真正的内容都是由于产生这些体系的那个时期的需要而形成起来的。"③ 同样，习近平新时代中国特色社会主义思想也是在建设中国特色社会主义理论与实践的历史发展中形成起来的。

我们党的历史上的每一次重大理论创新，都是在回答时代提出的重大课题中实现的。什么是马克思主义，怎样对待马克思主义？什么是社会主义，怎样建设社会主义？建设什么样的党，怎样建设党？实现什么样的发展，怎样发展？这些是我们党在百年奋斗历程中面对的

---

① 《习近平关于社会主义文化建设论述摘编》，中央文献出版社 2017 年版，第 43 页。
② 《列宁全集》第四卷，人民出版社 2013 年版，第 161 页。
③ 《十六大以来重要文献选编》（上），中央文献出版社 2005 年版，第 366 页。

第五章　思想建党、理论强党——用党的创新理论武装全党

一系列基本理论问题。而正是我们党对这些基本理论问题的科学分析和回答,才创立了毛泽东思想、邓小平理论、"三个代表"重要思想和科学发展观,指导中国革命、建设和改革不断取得新的胜利。"没有革命的理论,也就没有革命的行动。"[①] 回顾中国共产党百年来的奋斗历史,一个发人深省的基本事实就是,我们党的每一次理论创新,都会迎来党的事业的一次伟大飞跃。

党的十九大作出的一个重要判断,就是中国特色社会主义进入新时代。党的十九大报告从五个方面明确指出:"这个新时代,是承前启后、继往开来、在新的历史条件下继续夺取中国特色社会主义伟大胜利的时代,是决胜全面建成小康社会、进而全面建设社会主义现代化强国的时代,是全国各族人民团结奋斗、不断创造美好生活、逐步实现全体人民共同富裕的时代,是全体中华儿女勠力同心、奋力实现中华民族伟大复兴中国梦的时代,是我国日益走近世界舞台中央、不断为人类作出更大贡献的时代。"这些对于"时代"的概括,充分表明了党的十八大以来我国经济社会发展的一系列重大的新变化,界定了"新时代"的科学内涵。集中起来就是中国人民在历经站起来、富起来的历史进步后,将迈入建设中国特色社会主义现代化强国"强起来"的新时代。

这个"新时代"提出了新的时代课题,即必须从理论和实践结合上系统回答新时代坚持和发展什么样的中国特色社会主义、怎样坚持和发展中国特色社会主义,包括新时代坚持和发展中国特色社会主义的总目标、总任务、总体布局、战略布局和发展方向、发展方式、发展动力、战略步骤、外部条件、政治保证等基本问题。[②] 以习近平同

[①] 《毛泽东文集》第三卷,人民出版社1996年版,第249页。
[②] 参见王向明:《用习近平新时代中国特色社会主义思想武装全党》,《中国纪检监察报》2017年11月1日。

志为核心的党中央紧紧围绕这个重大时代课题，紧密结合新的时代条件和实践要求，以全新的视野深化对共产党执政规律、社会主义建设规律、人类社会发展规律的认识，进行艰辛理论探索，作出了科学系统的回答，形成了习近平新时代中国特色社会主义思想。这一科学理论，是党和人民实践经验和集体智慧的结晶，有力引领了坚持和发展中国特色社会主义的伟大实践，全面开启了中国特色社会主义新时代。党的十八大以来，党和国家各项事业之所以能开新局、谱新篇，根本原因就在于有习近平新时代中国特色社会主义思想的科学指引。

（二）习近平新时代中国特色社会主义思想的核心要义

坚持和发展中国特色社会主义，是改革开放以来我们党全部理论和实践的鲜明主题，也是习近平新时代中国特色社会主义思想的核心要义。党的十八大以来，我们党的全部理论和实践探索都是围绕这个主题来展开、深化和拓展的。正如习近平总书记指出的："坚持和发展中国特色社会主义是一篇大文章，邓小平同志为它确定了基本思路和基本原则，以江泽民同志为核心的党的第三代中央领导集体、以胡锦涛同志为总书记的党中央在这篇大文章上都写下了精彩的篇章。现在，我们这一代共产党人的任务，就是继续把这篇大文章写下去。"① 对坚持和发展什么样的中国特色社会主义，习近平总书记从理论渊源、历史根据、本质特征、独特优势、强大生命力等多方位多角度作出了深刻回答，强调中国特色社会主义是既坚持科学社会主义基本原则，又具有鲜明实践特色、理论特色、民族特色、时代特色的社会主义，是中国特色社会主义道路、理论、制度、文化四位一体的社会主义，是统揽伟大斗争、伟大工程、伟大事业、伟大梦想的社会主义，

---

① 《习近平谈治国理政》，外文出版社2014年版，第23页。

是根植于中国大地、反映中国人民意愿、适应中国和时代发展进步要求的社会主义。对怎样坚持和发展中国特色社会主义,习近平总书记以一系列战略性、前瞻性、创造性的观点,深刻回答了新时代坚持和发展中国特色社会主义的总目标、总任务、总体布局、战略布局和发展方向、发展方式、发展动力、战略步骤、外部条件、政治保证等基本问题。这些思想观点,在理论上有重大突破、重大创新、重大发展,深刻揭示了新时代中国特色社会主义的本质特征、发展规律和建设路径,为在新的时代条件下坚持和发展中国特色社会主义提供了科学的理论指引。①

(三)习近平新时代中国特色社会主义思想的丰富内涵

习近平新时代中国特色社会主义思想内涵十分丰富,涵盖了经济、政治、法治、科技、文化、教育、民生、民族、宗教、社会、生态文明、国家安全、国防和军队、"一国两制"和祖国统一、统一战线、外交、党的建设等各方面。其中最重要、最核心的内容就是党的十九大报告概括的"八个明确"。

明确坚持和发展中国特色社会主义,总任务是实现社会主义现代化和中华民族伟大复兴,在全面建成小康社会的基础上,分两步走在21世纪中叶建成富强民主文明和谐美丽的社会主义现代化强国。实现现代化是近代以来中国人民不懈的追求,实现中华民族伟大复兴是近代以来中华民族最伟大的梦想。社会主义现代化是中华民族伟大复兴的核心内容,中华民族伟大复兴是社会主义现代化的形象表达,两者在本质上是一致的,都是为了实现国家富强、民族振兴、人民幸福。需要明确的是,我们要搞的是社会主义现代化,而不能搞西方模式的

---

① 参见刘云山:《深入学习贯彻习近平新时代中国特色社会主义思想》,《人民日报》2017年11月6日。

现代化。这个现代化只有沿着中国特色社会主义道路才能行得通、走得好，中国特色社会主义只有坚持现代化的奋斗目标才能得到更好的坚持和发展。党的十九大报告提出，从十九大到二十大，是"两个一百年"奋斗目标的历史交汇期。我们既要全面建成小康社会、实现第一个百年奋斗目标，又要乘势而上开启全面建设社会主义现代化国家新征程，向第二个百年奋斗目标进军。从全面建成小康社会到基本实现现代化，再到全面建成社会主义现代化强国，是新时代中国特色社会主义发展的战略安排。

明确新时代我国社会主要矛盾是人民日益增长的美好生活需要和不平衡不充分的发展之间的矛盾，必须坚持以人民为中心的发展思想，不断促进人的全面发展、全体人民共同富裕。经过不懈努力，我国稳定解决了十几亿人的温饱问题，总体上实现小康。随着时代发展，人民美好生活需要日益广泛，不仅对物质文化生活提出了更高要求，而且在民主、法治、公平、正义、安全、环境等方面的要求日益增长。同时，我国社会生产力水平总体上显著提高，社会生产能力在很多方面进入世界前列，但发展不平衡不充分的问题更加突出，已经成为满足人民日益增长的美好生活需要的主要制约因素。在继续推动发展的基础上，着力解决好发展不平衡不充分问题，大力提升发展质量和效益，更好满足人民各方面日益增长的需要，书写推动人的全面发展、社会全面进步的新答卷，是新时代向我们提出的新课题。

明确中国特色社会主义事业总体布局是"五位一体"、战略布局是"四个全面"，强调坚定道路自信、理论自信、制度自信、文化自信。党的十八大以来，我们党形成并积极推进经济建设、政治建设、文化建设、社会建设、生态文明建设"五位一体"总体布局，形成并积极推进全面建成小康社会、全面深化改革、全面依法治国、全面从严治党"四个全面"战略布局（党的十九届五中全会提出"协调推进全面建设社会主义现代化国家、全面深化改革、全面依法治国、全面从严治党的战略布局",这是"四个全面"的最新表达)。"五位一体"和"四个全面"相互促进、统筹联动,深化了我们党对社会主义建设规律的认识,是事关党和国家长远发展的总战略。坚持和发展中国特色社会主义,必须统筹推进"五位一体"总体布局和协调推进"四个全面"战略布局,更加自觉地增强"四个自信",既不走封闭僵化的老路,也不走改旗易帜的邪路,保持政治定力,坚持实干兴邦,不断开创中国特色社会主义事业新局面。

明确全面深化改革总目标是完善和发展中国特色社会主义制度、推进国家治理体系和治理能力现代化。全面深化改革以促进社会公平正义、增进人民福祉为出发点和落脚点,为人民幸福安康、社会和谐稳定、国家长治久安提供一整套更完备、更稳定、更管用的制度体系。全面深化改革是涉及经济社会发展各领域的复杂系统工程,要坚决破除一切不合时宜的思想观念和体制机制弊端,突破利益固化的藩篱,吸收人类文明有益成果,充分发挥我国社会主义制度的优越性。

明确全面推进依法治国总目标是建设中国特色社会主义法治体系、建设社会主义法治国家。全面依法治国,必须把党的领导贯彻落实到依法治国全过程和各方面,坚定不移走中国特色社会主义法治道路,完善以宪法为核心的中国特色社会主义法律体系,建设中国特色社会主义法治体系,建设社会主义法治国家,发展中国特色社会主义法治理论。全面依法治国是国家治理的一场深刻革命,必须坚持厉行法治,推进科学立法、严格执法、公正司法、全民守法。要在全社会牢固树立宪法法律权威,弘扬宪法精神,任何组织和个人都必须在宪法法律范围内活动,都不得有超越宪法法律的特权。

明确党在新时代的强军目标是建设一支听党指挥、能打胜仗、作风优良的人民军队,把人民军队建设成为世界一流军队。我们要坚持走中国特色强军之路,全面贯彻党领导人民军队的一系列根本原则和制度,确立习近平强军思想在国防和军队建设中的指导地位,坚持政治建军、改革强军、科技兴军、依法治军,坚持"五个更加注重",实现党在新时代的强军目标。

明确中国特色大国外交要推动构建新型国际关系,推动构建人类命运共同体。当今世界,各国相互依存、休戚与共。没有哪个国家能够独自应对人类面临的各种挑战,也没有哪个国家能够退回到自我封闭的孤岛。中国始终不渝走和平发展道路,奉行互利共赢的开放战略,坚持正确义利观,树立共同、综合、合作、可持续的新安全观,秉持共商共建共享的全球治理观,始终做世界和平的建设者、全球发展的贡献者、国际秩序的维护者。

明确中国特色社会主义最本质的特征是中国共产党领导,中国特色社会主义制度的最大优势是中国共产党领导,党是最高政治领导力量,提出新时代党的建设总要求,突出政治建设在党的建设中的重要地位。坚持党的领导是党和国家的根本所在、命脉所在,是全国各族人民的利益所系、幸福所系。党政军民学,东西南北中,党是领导一切的,是最高的政治领导力量,各个领域、各个方面都必须坚定自觉地坚持党的领导。党的政治建设是党的根本性建设,决定党的建设方向和效果。保证全党服从中央,坚持党中央权威和集中统一领导是党的政治建设的首要任务。要自觉增强政治意识、大局意识、核心意识、看齐意识,认真贯彻落实新时代党的建设总要求,坚定执行党的政治路线,严格遵守政治纪律和政治规矩,在政治立场、政治方向、政治原则、政治道路上同以习近平同志为核心的党中央保持高度一致。

以上"八个明确",高度凝练、提纲挈领地点明了习近平新时代中国特色社会主义思想的主要内容,构成了系统完备、逻辑严密、内在统一的科学体系。用习近平新时代中国特色社会主义思想武装头脑,必须深入理解"八个明确"的丰富内涵。

(四)习近平新时代中国特色社会主义思想的实践要求

围绕贯彻落实习近平新时代中国特色社会主义思想,党的十九大提出了新时代坚持和发展中国特色社会主义的基本方略,并概括为"十四个坚持"。"十四个坚持"是习近平新时代中国特色社会主义思想的重要组成部分,是新时代坚持和发展中国特色社会主义的行动纲领。我们要全面贯彻党的基本理论、基本路线、基本方略,更好引领党和人民事业发展。

"十四个坚持",即坚持党对一切工作的领导、坚持以人民为中心、坚持全面深化改革、坚持新发展理念、坚持人民当家作主、坚持全面依法治国、坚持社会主义核心价值体系、坚持在发展中保障和改善民生、坚持人与自然和谐共生、坚持总体国家安全观、坚持党对人民军队的绝对领导、坚持"一国两制"和推进祖国统一、坚持推动构建人类命运共同体、坚持全面从严治党。这"十四个坚持",涵盖坚持党的领导和"五位一体"总体布局、"四个全面"战略布局,涵盖国防和军队建设、维护国家安全、对外战略,是对党的治国理政重大方针及原则的最新概括,体现了理论与实践相统一、战略与战术相结合,科学回答了新时代怎样坚持和发展中国特色社会主义。这"十四个坚持",既是习近平新时代中国特色社会主义思想的重要组成部分,也是落实习近平新时代中国特色社会主义思想的实践要求。"十四个坚持"每一条都有很强的现实针对性和指导性,我们要结合工作实际,毫不动摇地坚持,不折不扣地落实。

（五）把学习习近平新时代中国特色社会主义思想的成果体现在推动各方面工作中

理论的价值在于指导实践，学习的目的全在于运用。要着重掌握习近平新时代中国特色社会主义思想贯穿的马克思主义立场、观点、方法，切实做到学而信、学而用、学而行，真正用以武装头脑、铸造灵魂、指导实践、推动工作。

广大党员干部要把学习成果体现在对习近平新时代中国特色社会主义思想的高度政治认同、思想认同上。要自觉用习近平新时代中国特色社会主义思想指导改造自己的主观世界，解决好世界观、人生观、价值观这个"总开关"问题，坚定理想信念，牢记党的宗旨，不断提高政治觉悟和政治能力，锤炼忠诚干净担当的政治品格，自觉为实现共产主义远大理想和中国特色社会主义共同理想而努力奋斗。要把学习成果体现在夺取新时代中国特色社会主义伟大胜利的生动实践上。深刻理解和把握我们党所处的历史方位、我国社会主要矛盾和我国发展的阶段性特征，紧紧围绕统筹推进"五位一体"总体布局和协调推进"四个全面"战略布局，坚持以人民为中心的发展思想，以新发展理念为引领，推动经济社会持续健康发展，让人民群众有更多的获得感和幸福感，真切体会到幸福生活。要把学习成果体现在全面深化改革、奋力攻坚克难的工作实绩上。当前我国改革发展形势正处于深刻变化之中，外部不确定不稳定因素增多，改革发展面临许多新情况新问题，我们要以习近平新时代中国特色社会主义思想为指引，保持战略定力，树立问题导向，坚定必胜信心，敢于啃硬骨头、敢于涉险滩，坚决冲破不符合时代进步要求的思想观念束缚，坚决破除利益固化藩篱，坚决清除各方面体制机制障碍，努力在解决改革发展稳定的重大问题、人民群众反映强烈的突出问题上不断取得新突破，稳扎稳打推动改革事业攻坚克难、开拓向前。要把学习成果体现在全面从严治党、不断提高党的执政能力和领导水平上。深刻理解和把握习近平新时代中国特色社会主义思想对全面从严治党提出的总要求、作出的新部署、推出的新举措，以党的政治建设为统领，全面加强党的政治建设、思想建设、组织建设、作风建设、纪律建设，把制度建设贯穿其中，深入开展反腐败斗争，不断提高党的建设质量，把党建设成为始终走在时代前列、人民衷心拥护、勇于自我革命、经得起各种风浪考验、朝气蓬勃的马克思主义执政党。

新时代的新征程，一刻也离不开科学理论的正确指引。习近平新时代中国特色社会主义思想，就是引领新时代的思想火炬、指引正确前进方向的灯塔。站在新征程的起点上，当务之急就是要深入学习领会习近平新时代中国特色社会主义思想，并用习近平新时代中国特色社会主义思想武装头脑、指导实践，将其贯彻到社会主义现代化建设全过程、体现到党的建设各方面，为夺取新时代中国特色社会主义伟大胜利提供坚强思想保证和强大精神力量。

第六章　加强党的组织建设——切实践行新时代党的组织路线

组织建设是党的建设的重要基础。马克思、恩格斯把无产阶级组织成为独立政党作为无产阶级革命的首要条件，强调无产阶级政党必须成为一个统一的整体，必须由最彻底、最坚定的先进分子组成。列宁说："无产阶级在争取政权的斗争中，除了组织，没有别的武器。"[①] 毛泽东同志指出："一个政党要引导革命到胜利，必须依靠自己政治路线的正确和组织上的巩固。"[②] 邓小平同志强调，实现四个现代化，"要有正确的组织路线来保证"[③]。

正确的组织路线是我们党发展壮大的重要法宝，是党和国家事业不断前进的坚强保证。习近平总书记指出："党的十九大之后，我们在总结历史经验特别是党的十八大以来全面从严治党成功经验的基础上，对新时代党的组织路线进行了概括。党的十八大以来的实践表明，新时代党的组织路线为加强党的组织建设提供了科学遵循，为增强党的创造力、凝聚力、战斗力提供了重要保证。"[④] 新的历史条件下，面对复杂形势和艰巨任务，我们要正确理解新时代党的组织路线

---

① 《列宁选集》第一卷，人民出版社 2012 年版，第 526 页。
② 《毛泽东选集》第一卷，人民出版社 1991 年版，第 303 页。
③ 《邓小平文选》第二卷，人民出版社 1994 年版，第 193 页。
④ 习近平：《贯彻落实新时代党的组织路线　不断把党建设得更加坚强有力》，《求是》2020 年第 15 期。

的科学内涵和实践要求,继续加强党的组织建设,不断把党建设得更加坚强有力。

一、深刻理解新时代党的组织路线

党的力量来自组织,组织建设是党的建设的重要基础,党的组织路线是指导组织建设的根本方针和准则。党的十八大以来,以习近平同志为核心的党中央在推进新时代党的建设新的伟大工程的壮阔进程中,形成了新时代党的组织路线。在2018年7月3日至4日召开的全国组织工作会议上,习近平总书记深刻阐明了新时代党的组织路线的科学内涵、重大意义和实践要求,为加强新时代党的组织建设提供了根本遵循。

(一)新时代党的组织路线的形成

重视党的组织建设是马克思主义政党区别于其他政党的显著特点。马克思、恩格斯在创建新型无产阶级政党之初就强调了党的组织问题的重要性。我们党历来高度重视组织路线问题,党的六大通过的《关于组织问题草案之决议》就明确使用了"组织路线"的概念。1938年在党的六届六中全会上,毛泽东同志明确指出,"政治路线确定之后,干部就是决定的因素"[①],并提出"才德兼备"的干部标准和"任人唯贤"的干部路线。邓小平同志明确指出,"中国的稳定,四个现代化的实现,要有正确的组织路线来保证"[②],并且提出了干部队伍"四化"方针。历史充分证明,正确的组织路线是我们党发展壮大的重要法宝,是党和国家事业胜利前进的坚强保证。

---

① 《毛泽东选集》第二卷,人民出版社1991年版,第526页。
② 《邓小平文选》第二卷,人民出版社1994年版,第193页。

兴党强党　砥砺前行

新时代党的组织路线直接产生于党的十八大以来党进行伟大自我革命的实践。以习近平同志为核心的党中央针对党的组织建设中存在的突出问题，坚定不移全面从严治党，在加强党的全面领导、健全党的组织体系、完善选人用人标准和工作机制、健全党内政治生活和组织生活制度等方面采取了一系列重大举措，并同强化党的理论武装、加强党的作风建设、严肃党的纪律、深入开展反腐败斗争等相协调，推动党在革命性锻造中更加坚强。在领导全面从严治党的伟大实践中，习近平总书记提出一系列重大思想、重要论断，强调"全面从严治党，核心是加强党的领导"；强调"党的全面领导、党的全部工作要靠党的坚强组织体系去实现"；强调着力培养选拔党和人民需要的好干部，好干部要做到信念坚定、为民服务、勤政务实、敢于担当、清正廉洁，领导干部要切实做到忠诚干净担当；强调要"广开进贤之路""聚天下英才而用之"，努力建设一支矢志爱国奉献、勇于创新创造的优秀人才队伍；等等。这些重要论述，立时代之基、答时代之问，丰富和发展了党的组织建设理论，为确定新时代党的组织路线奠定了坚实基础、作出了突出贡献。

新时代呼唤新实践，新实践孕育新理论。在认真总结我们党成立以来实践经验特别是党的十八大以来全面从严治党成功经验的基础上，2018年7月，习近平总书记在全国组织工作会议上明确提出新时代党的组织路线，这就是：全面贯彻习近平新时代中国特色社会主义思想，以组织体系建设为重点，着力培养忠诚干净担当的高素质干部，着力集聚爱国奉献的各方面优秀人才，坚持德才兼备、以德为先、任人唯贤，为坚持和加强党的全面领导、坚持和发展中国特色社会主义提供坚强组织保证。①

---

① 参见仲祖文：《深入学习贯彻习近平总书记重要讲话精神　坚定不移贯彻落实新时代党的组织路线》，《求是》2020年第15期。

（二）新时代党的组织路线的科学内涵

新时代党的组织路线深刻阐明了新时代党的组织建设的一系列根本性问题，构成了一个内涵丰富、逻辑严密、有机统一的整体。全面贯彻新时代党的组织路线，必须深刻领会和准确把握其科学内涵。

全面贯彻习近平新时代中国特色社会主义思想。习近平新时代中国特色社会主义思想是当代中国马克思主义、21世纪马克思主义，是做好党和国家一切工作的根本指针。党的组织建设只有坚持以这一科学理论为指导，才能确保方向不偏、立场不移、原则不失。加强党的组织建设，必须全面贯彻习近平新时代中国特色社会主义思想，这是新时代党的组织路线首先明确的重大问题。我们要把习近平新时代中国特色社会主义思想全面贯彻落实到党的建设和组织工作中去，转化为加强新时代党的组织建设的具体政策、具体任务、具体行动。

把握"一个重点"和"两个着力"。"以组织体系建设为重点"突出了组织的基础性地位和体系化建设要求。明确"以组织体系建设为重点"，是新时代党的组织路线的重要创新和贡献，这要求我们强化系统思维、坚持一体推进，着力构建上下贯通、执行有力的严密组织体系，使党的各级组织都健全、都过硬，使党的领导"如身使臂，如臂使指"。"着力培养忠诚干净担当的高素质干部"揭示了选贤任能的本质要求。忠诚是为政之魂，是最重要的政治操守；干净是立身之本，是做人做事的基本底线；担当是成事之要，是好干部的必备素质。三者共同诠释着党员干部的政治品格和"高素质"的核心内涵，树立起了选贤任能的时代标杆。"着力集聚爱国奉献的各方面优秀人才"凸显了人才引领发展的战略地位。人才是执政兴国的第一资源。从路线的高度确立组织、干部、人才工作共同推进的整体格局，是新时代党的组织路线的一个亮点、一大贡献。"一个重点"和"两个着力"密切联系、相互支撑,在党的组织建设中必须统筹把握、协同推进。

坚持德才兼备、以德为先、任人唯贤。用人标准和选人导向是组织路线必须回答的核心问题。新时代党的组织路线正确把握了德与才、人与事的辩证关系,突出了德的优先地位和事业为上的导向,强调选干部、用人才既要重品德,也不能忽视才干,实现了选人用人方针的与时俱进。

明确新时代党的组织建设的根本目标。"为坚持和加强党的全面领导、坚持和发展中国特色社会主义提供坚强组织保证",深刻揭示了党的组织路线和政治路线的内在关系,明确了加强党的组织建设的根本目标。党的组织建设历来是同党的历史任务、同党为实现历史任务而确立的政治路线紧密联系在一起的。新时代,党的组织建设必须为坚持和加强党的领导、实现党的十九大擘画的宏伟蓝图和确定的目标任务固体系打基础、选干部配班子、建队伍聚人才,确保全党全国人民在党的坚强领导下不断夺取中国特色社会主义新胜利。

(三)切实贯彻新时代党的组织路线

新时代党的组织路线是理论的也是实践的,必须在推进党的建设新的伟大工程、落实全面从严治党的实践中切实贯彻落实。要深入学习领会习近平总书记关于党的建设的重要思想,紧紧围绕贯彻落实新时代党的组织路线,谋思路、定措施、出实招、破难题、建机制、抓落实,切实让新时代党的组织路线彰显出强大生命力。要坚持把政治建设摆在首位,教育引导党员干部把"两个坚决维护"作为钢铁纪律,增强"四个意识",坚定"四个自信",严明党的政治纪律和政治规矩,自觉在思想上政治上行动上同以习近平同志为核心的党中央保持高度一致。① 要坚持把学习习近平新时代中国特色社会主义思想作为重中之重，持之以恒推动党员干部真正学懂弄通做实，着力在筑牢理想信念、增强执政本领、提升品行作风上下功夫。要坚持以组织体系建设为重点，形成上下贯通、执行有力的严密组织体系，切实把党的全面领导、党的全部工作延伸覆盖到最终端、落实到最基层。要坚持贯彻好干部标准，加快建立素质培养、知事识人、选拔任用、从严管理、正向激励干部工作体系，严把政治首关，坚持事上练、事中看、为事业选、为事业用，认真做好干部培育、选拔、管理、使用工作，着力建设忠诚干净担当的高素质干部队伍。要完善人才培养引进机制，集四海之气、聚八方之力，大力、大胆、大方、大气培养引进爱国奉献的各方面优秀人才，努力聚天下英才而用之。

组织路线对坚持党的领导、加强党的建设、做好党的组织工作具有十分重要的意义。我们在落实中必须要深刻认识组织路线的科学内涵和重大意义，把握好组织路线与其他路线的关系，同时又要立足现实、聚焦问题、实现重点突破，这样才能贯彻落实新时代党的组织路线，真正发挥组织路线对党的政治路线、思想路线和群众路线的保证作用，形成坚持和加强新时代党的建设的整体合力。

二、锻造党的坚强组织体系

党的力量来自组织。党的全面领导、党的全部工作要靠党的坚强组织体系去实现。进入新时代，开启新征程，我们必须更加注重党的组织体系建设，不断增强党的政治领导力、思想引领力、群众组织力、社会号召力，把党员组织起来，把人才凝聚起来，把群众动员起

---

① 参见《践行新时代党的组织路线》，《中国组织人事报》2018年8月15日。

来，为实现党的十九大提出的宏伟目标团结奋斗。

我们党是按照马克思主义建党原则建立起来的，历来高度重视党的组织建设，形成了包括党的中央组织、地方组织、基层组织在内的严密组织体系。这个组织体系，是根据党的纲领和章程，按照民主集中制组织起来的统一整体，有着使命追求的崇高性、组织队伍的先进性、组织覆盖的广泛性、联系群众的紧密性、高度的组织纪律性，有着世界上任何其他政党都不具有的强大优势。特别是党的十八大以来，以习近平同志为核心的党中央坚持和加强党的全面领导，坚定不移全面从严治党，增强各级党组织政治功能和组织功能，推动党的组织优势转化为国家治理效能，汇聚起全党全国上下奋力实现"两个一百年"奋斗目标、实现中华民族伟大复兴中国梦的磅礴力量，充分彰显了党的严密组织体系的强大组织力、行动力、战斗力。落实好新时代党的组织路线、加强党的组织建设，必须坚持突出组织体系建设这个重点，为确保党的集中统一领导、推进伟大事业、实现宏伟目标提供坚强保证。

习近平总书记指出，党的中央组织、地方组织、基层组织都坚强有力、充分发挥作用，党的组织体系的优势和威力才能充分体现出来。只有党的各级组织都健全、都过硬，形成上下贯通、执行有力的严密组织体系，党的领导才能"如身使臂，如臂使指"。这就是新时代党的组织路线强调"以组织体系建设为重点"的道理所在。党的十八大以来，我们抓党的建设，首先就抓中央委员会、中央政治局及其常委会的建设，制定的各项党内法规都对中央领导同志提出更高标准，要求中央领导同志在守纪律讲规矩、履行管党治党政治责任等方面为全党同志立标杆、作表率。中央和国家机关是贯彻落实党中央决策部署的"最初一公里"，不能出现"拦路虎"，要认真贯彻执行党组工作条例和党的工作机关条例，把中央和国家机关建设成为讲政治、守纪律、负责任、有效率的模范机关。地方党委是贯彻落实党中央决策部署的"中间段",不能出现"中梗阻",要认真贯彻执行地方党委工作条例,把地方党委建设成为坚决听从党中央指挥、管理严格、监督有力、班子团结、风气纯正的坚强组织。基层党组织是贯彻落实党中央决策部署的"最后一公里",不能出现"断头路",要坚持大抓基层的鲜明导向,持续整顿软弱涣散的基层党组织,有效实现党的组织和党的工作全覆盖,抓紧补齐基层党组织领导基层治理的各种短板,把各领域基层党组织建设成为实现党的领导的坚强战斗堡垒。①

锻造党的坚强组织体系,还必须建强党员队伍这支先锋队。党员是党的肌体的细胞和党的活动的主体。党组织的强大力量,来自每个党员"细胞"的健康有力。要提高党员发展质量,严把发展党员入口关,把政治标准放在首位,坚决把政治上不合格、想混入党内捞好处的人挡在门外。要加强党员教育管理,严肃组织生活,稳妥有序开展不合格党员组织处置,教育引导广大党员自觉做到思想上认同组织、政治上依靠组织、工作上服从组织、感情上信赖组织,在改革发展稳定中充分发挥先锋模范作用。

锻造党的坚强组织体系,不仅是为了把党自身建设强,还在于把广大人民群众团结凝聚在党的周围。要注重适应经济社会发展新形势,针对各类新业态、新群体不断涌现的新情况,推动党建工作思路理念和方式方法创新,引导各级党组织切实担负起组织群众、宣传群众、凝聚群众、服务群众的职责,提高政治领导力、思想引领力、群众组织力、社会号召力。

---

① 参见习近平:《贯彻落实新时代党的组织路线 不断把党建设得更加坚强有力》,《求是》2020年第15期。

三、抓好执政骨干队伍和人才队伍建设

贯彻落实新时代党的组织路线,要切实抓好执政骨干队伍和人才队伍建设。习近平总书记指出:"干部工作也好,人才工作也好,本质上都是用人问题。我们要应变局、育新机、开新局、谋复兴,关键是要把党的各级领导班子和干部队伍建设好、建设强。"①

新时代党的组织路线,提出坚持德才兼备、以德为先、任人唯贤的方针。选干部、用人才既要重品德,也不能忽视才干。有才无德会坏事,有德无才会误事,有德有才方能干成事。选贤任能,要正确把握德与才的辩证关系。要坚持好干部标准,既严格把好政治关、廉洁关,决不能让政治上、廉洁上有问题的人蒙混过关、投机得逞,又严把素质能力关,围绕事业发展需要配班子用干部,及时把那些愿干事、真干事、干成事的干部发现出来、任用起来,特别是关键岗位一定要在坚持政治过硬前提下选能力过硬的干部。要经常性、近距离、有原则地接触干部,多与干部和班子成员谈心谈话,多到基层干部群众中、多从乡语口碑中了解,注重在重大任务、重大斗争一线考察识别、立体察人、知事识人,为选准用好干部打下坚实基础。②

提高治理能力,是新时代干部队伍建设的重大任务。落实好这一重大任务,要求广大干部加强思想淬炼、政治历练、实践锻炼、专业训练,严格按照制度履行职责、行使权力、开展工作。要加强思想淬炼,教育引导广大干部学懂弄通做实习近平新时代中国特色社会主义

---

① 习近平:《贯彻落实新时代党的组织路线 不断把党建设得更加坚强有力》,《求是》2020年第15期。
② 参见仲祖文:《抓好执政骨干队伍和人才队伍建设——五谈深入学习领会和贯彻落实新时代党的组织路线》,《中国组织人事报》2020年7月29日。

第六章　加强党的组织建设——切实践行新时代党的组织路线

思想，切实掌握其中蕴含的马克思主义立场观点方法，深刻领会其先进治理理念、科学治理方法。要加强政治历练，增强"四个意识"、坚定"四个自信"、做到"两个维护"，严格党内政治生活，提高政治觉悟、政治能力，锤炼忠诚干净担当的政治品格。要加强实践锻炼，在贯彻落实党中央决策部署的生动实践中，在做好改革发展稳定各项工作和完成急难险重任务中，发扬斗争精神、增强斗争本领，提高扛重活、打硬仗、解难题、防风险的能力。要加强专业训练，涵养专业精神、培育专业思维、提高专业素养、掌握专业方法，坚持干什么学什么、缺什么补什么，加强专业培训、强化自我学习，打造又博又专、推陈出新的知识结构，努力成为某一领域的"专家"。

好干部是选拔出来的，也是培育和管理出来的。培育好干部、管出好干部，是党的事业的需要，是党组织的重要责任。要坚持严管和厚爱相结合，做到严管和厚爱融合相辅，严随爱出，爱寓严中，互为促进，相辅相成。要完善管思想、管工作、管作风、管纪律的从严管理体系，真正管好关键人、管到关键处、管住关键事、管在关键时，做到在政治上激励、工作上支持、心理上关怀，管好用好干部，既要建立崇尚实干、担当作为、加油鼓劲的正向激励体系和容错纠错机制，更要有政治引领、思想砥砺、精神鼓舞，使广大干部有敢担当、善作为的舞台，有站前头、打头阵的自觉，有攻坚克难、披荆斩棘的意志和本领，关键时刻冲得上、靠得住，这样管理出的干部队伍才能战无不胜。

贯彻新时代党的组织路线，还要着力集聚爱国奉献的各方面优秀人才。人才竞争，说到底是体制机制的竞争。必须不断深化人才发展体制机制改革，以改革红利释放人才红利，最大限度把广大人才的报国情怀、奋斗精神、创造活力激发出来。要破除人才引进、培养、使用、评价、流动、激励等方面的体制机制障碍，实行更加积极、更加开放、更加有效的人才政策，形成具有吸引力和国际竞争力的人才制度体系，努力聚天下英才而用之。

四、抓好党的组织制度建设

制度具有根本性、全局性、稳定性和长期性的特点。党的十八大以来，以习近平同志为核心的党中央坚持制度治党、依规治党，全面深化党的建设制度改革，制定和修订一系列组织建设方面的党内法规。党的十九届四中全会把健全维护党的集中统一的组织制度作为坚持和完善党的领导制度体系的重要内容，纳入国家制度和国家治理体系之中。贯彻落实好新时代党的组织路线，必须把党的组织制度建设摆到更加重要的位置来抓，不断提高党的组织建设的制度化、规范化、科学化水平。

（一）把制度治党贯穿组织建党全过程

在革命、建设、改革各个历史时期，我们党始终把组织建设摆在十分重要的位置，从一开始就注重从制度上设计组织架构、健全组织体系、严密组织纪律、约束成员行为，在实践中不断探寻组织建设规律。党的十八大以来，在以习近平同志为核心的党中央坚强领导下，我们党鲜明提出新时代党的建设总要求和新时代党的组织路线，坚持思想建党和制度治党同向发力，注重以法治思维和法治方式加强党的组织建设，先后制定、修订了新形势下党内政治生活若干准则、党组工作条例、地方党委工作条例、党的工作机关条例、支部工作条例以及农村、国企、机关、高校基层党组织工作条例等一系列组织建设方面的党内法规，着力从主体上解决各级各类党组织的产生、职责和运行问题，使党的组织制度更加成熟、更加定型，推动党的组织建设取得历史性成就、发生历史性变革。

我们党百年来的发展历程证明,建设好、管理好我们这样一个大党,离不开健全的组织制度。做好新时代党的建设和组织工作,必须增强制度意识、强化法治思维,切实抓好党的组织制度建设,着力夯实管党治党的组织制度基础,为贯彻落实新时代党的建设总要求和新时代党的组织路线提供可靠制度保障。①

(二)健全和落实民主集中制

我们党是按照马克思主义建党原则建立起来的政党,以民主集中制为根本组织制度和领导制度。民主集中制规定了个人和组织、少数和多数、下级和上级、地方和中央的正确关系,是发扬党内民主、维护党的集中统一、保持党的战斗力、胜利推进革命和建设改革事业的重要保证。要加强民主集中制的教育培训和监督检查,引导各级党组织和广大党员干部增强"四个意识"、坚定"四个自信"、做到"两个维护",确保全党统一意志、统一行动、步调一致前进。引导各级领导班子和领导干部熟悉民主集中制的规矩,懂得民主集中制的方法,既防止"家长制""一言堂",又防止议而不决、决而不行、行而不实。要结合巡视巡察、考核考察、民主生活会等,了解领导班子及其成员贯彻执行民主集中制的情况,对贯彻执行不力、发生偏差和失误的班子和个人,及时提醒、严肃批评,必要时作出组织调整。

(三)完善党的组织制度体系

体系,意味着一系列制度内容完备、结构清晰、逻辑自洽。新时代党内法规建设的一个基本经验就是从系统性入手,坚持统筹协调,注重顶层设计和系统谋划。当前,加强体系建设已成为党的组织制度

---

① 参见刘强:《抓好党的组织制度建设》,《求是》2020年第15期。

建设的重点任务。接下来，中央相关部门、各级党委（党组）要结合实际，把党内组织法规和党中央提出的要求具体化，建立健全包括组织设置、组织生活、组织运行、组织管理、组织监督等在内的完整组织制度体系。这要求中央相关部门、各级党委（党组）在推进党的组织制度建设时强化系统意识，该补的组织法规要补上，该落实的组织法规和党中央要求要尽量建立实施办法和细则，把组织制度的系统性、整体性、协同性凸显出来，从制度上保证全面从严治党要求落到实处。

（四）健全维护党的集中统一的组织制度

党的历史、新中国的发展历史都表明，坚定维护党中央权威和集中统一领导，是党和国家的前途命运所系，是全国各族人民的根本利益所在。要治理好我们这个大国、大党，没有强有力的中央权威，没有党中央的集中统一领导，是很容易搞散的，是什么事情也办不成的。因此，必须健全维护党的集中统一的组织制度，用更加严格完善的具体制度来规范各级党组织和党员干部的行为，这样才能让我们这个拥有9500多万名党员、480多万个基层党组织的世界第一大执政党更好地保持团结统一、行动一致，不断增强党的政治领导力、思想引领力、群众组织力、社会号召力，为推进国家治理体系和治理能力现代化提供组织基础。应通过组织制度建设切实把党的领导落实到党政军民学、东西南北中，形成党的中央组织、地方组织、基层组织上下贯通、执行有力的严密体系，实现党的组织和党的工作全覆盖。

（五）强化制度执行，切实增强党的组织制度的治理效能

抓好党的组织制度建设，不能看发了多少文件，还要看是不是执行到位、取得了什么实际效果，要始终保持狠抓执行的落实韧劲，强

化违规必究的制度刚性,不断增强党的组织制度的治理效能。强化制度执行要从三个方面做起。一要提高执行能力。把制度执行力和治理能力作为干部选拔任用、考核评价的重要依据,让遵守制度、执行制度者上,让违背制度、破坏制度者下。注重发挥好关键少数的示范带头作用,推动各级领导干部带头尊规、学规、守规、用规,模范执行党的组织制度。二要强化督促检查。充分发挥制度效力,既要靠内在自觉,也要靠外力推动。坚持"谁主持制定、谁督促落实",出台一个就执行落实好一个,真正让铁规发力、让禁令生威。对重要法规制度的贯彻落实情况,采取定期督察、专项督察、自查自纠等方式,推动法规制度落实。三要注重问责追责。结合贯彻《党委(党组)落实全面从严治党主体责任规定》、《中国共产党党内法规执行责任制规定(试行)》等党内法规,进一步明确制度执行的主体责任,以严的态度、实的举措抓好党的组织制度执行,形成一级抓一级、层层抓落实的良好局面。对有令不行、有禁不止、随意变通、恶意规避等行为,该问责的问责,该处理的处理,充分彰显制度的权威性严肃性。[①]

治国必先治党,治党务必从严,从严必依法度。组织制度建设解决的是贯彻落实组织路线的长效机制问题,只要我们持续不断推进党的组织制度建设,全面规范党的各级组织的产生、职责和运行,夯实管党治党的组织制度基础,就一定能够贯彻落实好新时代党的组织路线,不断把党建设得更加坚强有力。

---

① 参见刘强:《抓好党的组织制度建设》,《求是》2020年第15期。

第七章　整肃党风党纪——持之以恒正风肃纪

我们党作为马克思主义执政党，不仅要有强大的真理力量，还要有崇高的形象和威望，这种形象和威望集中体现为优良的作风和严明的纪律。党的十九大报告对持之以恒正风肃纪作出新部署，强调加强作风建设，必须紧紧围绕保持党同人民群众的血肉联系，增强群众观念和群众感情，不断厚植党执政的群众基础；坚持以上率下，巩固拓展落实中央八项规定精神成果，继续整治"四风"问题，坚决反对特权思想和特权现象；重点强化政治纪律和组织纪律，带动廉洁纪律、群众纪律、工作纪律、生活纪律严起来。这充分彰显了以习近平同志为核心的党中央坚持人民立场、从严管党治党的决心和信心。

一、锲而不舍落实中央八项规定精神

"党的作风是党的形象，是观察党群干群关系、人心向背的晴雨表。党的作风正，人民的心气顺，党和人民就能同甘共苦。"① 2016年7月1日，习近平总书记在庆祝中国共产党成立95周年大会上如此强调。井冈山"不拿老百姓一个红薯"的告诫，延河边"把官僚主义者比作泥塑神像"的余响，西柏坡"一不做寿，二不送礼"的规定……在我们党的历史中，作风建设的脉络清晰而有力。八项规定，是这一

---

① 《习近平谈治国理政》第二卷，外文出版社2017年版，第44页。

脉络的历史延续和时代表达，把我们党打造得更加坚强有力，也改变着中国并塑造着时代。

（一）八项规定的主要内容

2012年12月4日，中共中央政治局审议通过了关于改进工作作风、密切联系群众的八项规定。其主要内容是：

（1）要改进调查研究，到基层调研要深入了解真实情况，总结经验、研究问题、解决困难、指导工作，向群众学习、向实践学习，多同群众座谈，多同干部谈心，多商量讨论，多解剖典型，多到困难和矛盾集中、群众意见多的地方去，切忌走过场、搞形式主义；要轻车简从、减少陪同、简化接待，不张贴悬挂标语横幅，不安排群众迎送，不铺设迎宾地毯，不摆放花草，不安排宴请。

（2）要精简会议活动，切实改进会风，严格控制以中央名义召开的各类全国性会议和举行的重大活动，不开泛泛部署工作和提要求的会，未经中央批准一律不出席各类剪彩、奠基活动和庆祝会、纪念会、表彰会、博览会、研讨会及各类论坛；提高会议实效，开短会、讲短话，力戒空话、套话。

（3）要精简文件简报，切实改进文风，没有实质内容、可发可不发的文件、简报一律不发。

（4）要规范出访活动，从外交工作大局需要出发合理安排出访活动，严格控制出访随行人员，严格按照规定乘坐交通工具，一般不安排中资机构、华侨华人、留学生代表等到机场迎送。

（5）要改进警卫工作，坚持有利于联系群众的原则，减少交通管制，一般情况下不得封路、不清场闭馆。

（6）要改进新闻报道，中央政治局同志出席会议和活动应根据工作需要、新闻价值、社会效果决定是否报道，进一步压缩报道的数量、字数、时长。

（7）要严格文稿发表，除中央统一安排外，个人不公开出版著作、讲话单行本，不发贺信、贺电，不题词、题字。

（8）要厉行勤俭节约，严格遵守廉洁从政有关规定，严格执行住房、车辆配备等有关工作和生活待遇的规定。

（二）八项规定深刻改变中国

八项规定内容简单明了，从改进调查研究、精简会议活动、规范出访活动、厉行勤俭节约等八个方面作出了明确具体的要求，体现了"治国必先治党、治党务必从严"的坚定决心，开启了一场正风肃纪、激浊扬清、刷新吏治的作风之变。

据新华社报道，党的十八大以来，截至2020年10月底，全国共查处享乐主义、奢靡之风问题37.5万起，批评教育帮助和处理51.8万人，其中党纪政务处分32.6万人。党的十九大以来，截至2020年10月底，全国共查处形式主义、官僚主义问题18.3万起，批评教育帮助和处理27.1万人，其中党纪政务处分15.7万人。硕果累累的成绩单，体现了我们党全面从严治党、狠抓作风建设的决心与毅力。

新加坡《联合早报》这样描述八项规定：当时很少人预见到，公款吃喝、文山会海等中国官场的"老大难"问题，竟然出现如此明显的改善。

八项规定，短短600多字，为什么能有如此大的效力？这背后饱含着深刻的治党智慧。其中的重要方面，就是实现了"高处站位"和"细处着力"的有机结合。八项规定刚刚颁布时，不少人不以为意，认为"吃点喝点""转转看看"无伤大雅，但正是这些群众身边的不正之风，极大地损害了党的形象，在党和群众之间砌上了一堵无形之墙。正因此,中央带头执行八项规定,一开始就是从巩固党的执政地位、实现党的执政使命的高度,向全党宣示改进作风的重要意义,同时中央率先垂范、以上率下,形成了强大的示范效应和榜样力量。

"高处站位"解决了思想认识的问题,而"细处着力"则要解决方法抓手的问题。所谓"作之于细,累之成风",既然不良作风起于青萍之末,那么改进作风也应该于细微处见决心,这正是落实八项规定的独特方法论。从遏制舌尖上的腐败到刹住会所里的歪风,从剔除月饼里的奢侈到整治车轮上的铺张,八项规定利剑所向,可谓细大不捐、无远弗届,以一个个具体问题的突破,带动面上问题的解决,最后串点成线、由点及面,形成改进作风的整体效应。小细节见证大改变,小切口推动大变局,落实八项规定的经验,为解决作风建设抓什么、怎么抓的问题提供了深刻启示。

始终动真碰硬,坚持标本兼治。落实八项规定,从一开始就注重破立并举,坚持治标和治本相结合。铁面执纪、寸步不让,形成令违规者知畏知止、收敛收手的压倒性态势,在治标基础上更进一步、着眼长效,有针对性地创新制度设计,把改作风的经验通过党内法规的形式固定下来,形成能够施之长远的制度体系。与此同时,落实八项规定的过程,也通过触碰利益格局为改革扫除障碍。紧盯公款送礼,推动了财务管理改革;关注公车滥用,促进了公车改革;打击会所歪风,推动形成"亲""清"新型政商关系……可以说,八项规定具有影响全局的溢出效应,既是作风建设的代名词、全面从严治党的亮丽名片,更是改变中国政治生态和社会面貌的标志性举措。①

中央八项规定带来的不仅是一次直面现实的"问题清扫",也是一次回归传统的"思想整风",更是一次党内政治生态的"集中净

---

① 参见李拯:《八项规定,激发当代中国风气之变》,《人民日报》2017年10月10日。

化",开启了一场正风肃纪、激浊扬清、刷新吏治的作风之变,党心民心为之一振。但是,我们应清醒地认识到,作风问题具有顽固性、反复性,纠正"四风"不可能一蹴而就,正风肃纪需要驰而不息,久久为功,绝不能有松劲歇脚的想法、见好就收的心态和骄傲自满的情绪。

(三)巩固拓展落实中央八项规定精神成果

"雄关漫道真如铁,而今迈步从头越",党的十九大对加强作风建设提出了新要求、作出了新部署。2017年10月27日,十九届中央政治局首次会议又审议了修订后的《中共中央政治局贯彻落实中央八项规定的实施细则》,为加强中央政治局作风建设立细"规矩",再次向人民作出庄严政治承诺,充分体现了中央政治局从自身做起、以上率下的坚强决心,彰显了解决突出问题的坚如磐石的态度,为全党作出表率,向全党释放了持之以恒正风肃纪的强烈信号,发出了作风建设再出发的动员令、冲锋号。

通过审议修订后的实施细则,中央政治局以实际行动作答:"必须坚持以上率下,巩固和拓展落实中央八项规定精神成果,坚持不懈改作风转作风,让党的作风全面好起来,确保党同人民想在一起、干在一起,始终保持党同人民群众的血肉联系。""带头弘扬党的优良作风,严格执行中央八项规定,为全党作出表率。"

中央纪委监察部网站撰文指出,党的十九大对推动全面从严治党向纵深发展作出新部署,党的十九大后全面从严治党依然从落实中央八项规定开局,落实中央八项规定精神依然从中央政治局抓起,彰显了以习近平同志为核心的党中央矢志不改的初心和坚如磐石的决心。从善如登,从恶如崩。全党必须牢固树立政治意识、大局意识、核心意识、看齐意识,按照十九大要求和党中央部署,发扬钉钉子精神,紧盯享乐主义和奢靡之风,加大纠正形式主义、官僚主义力度,巩固和拓展落实中央八项规定精神成果,坚持不懈改作风转作风,使中央八项规定精神化作每个党员干部的自觉行动、行为习惯,让党的作风全面好起来,确保党同人民想在一起、干在一起,始终保持党同人民群众的血肉联系。①

作风建设永远在路上。我们要坚持以习近平新时代中国特色社会主义思想为指导,贯彻落实党的十九大对作风建设的新部署新要求,坚持以上率下,巩固拓展落实中央八项规定精神成果,以"踏石留印,抓铁有痕"的决心和毅力狠抓作风建设,不断密切党同人民群众的血肉联系,增强群众观念和群众感情,不断厚植党执政的群众基础。

二、弛而不息整治"四风"问题

"四风"指形式主义、官僚主义、享乐主义和奢靡之风。党章明确规定,反对形式主义、官僚主义、享乐主义和奢靡之风。党的十八大以来,我们严厉整治"四风",作风建设不断取得新成效。但是作风问题的顽固性、反复性、变异性和传染性,决定了抓作风建设不能有丝毫的松懈。

(一)深刻认识"四风"问题的顽固性、反复性

2013年6月,在党的群众路线教育实践活动工作会议上,习近平总书记列举了"四风"问题的种种表现,强调这些问题违背我们党的性质和宗旨,既是当前群众深恶痛绝、反映最强烈的问题,也是损害

---

① 参见《以上率下 巩固拓展落实八项规定精神成果》,《中国纪检监察报》2017年11月18日。

党群干群关系的重要根源,要求在全党进行大排查、大检修、大扫除。

几年来,以习近平同志为核心的党中央,坚持以上率下,以身作则、身体力行,带头执行中央八项规定,"四风"问题得到有力整治,刹住了一些过去被认为不可能刹住的歪风邪气,攻克了一些过去司空见惯的顽瘴痼疾,党风、政风和社会风气为之一新。

但是,我们也应清醒看到,"四风"问题由来已久、成因复杂,不是一朝一夕就能彻底解决的,也不可能一劳永逸。当前,"四风"问题依然树倒根存,尤其是形式主义、官僚主义现象不可忽视。无论是"调研现场成秀场""脸好看事难办",还是"以会议落实会议"、大搞"材料政绩",种种情况看似新表现,实则老问题,充分说明"四风"问题具有顽固性、反复性。从媒体的报道来看,问题同样值得注意。一些地方的扶贫考核过于频繁,让基层干部疲于应付;有的地方年终检查评比泛滥,加重基层负担;有的干部在推进工作过程中作风简单粗暴,处理问题存在"一刀切""一阵风",造成工作上的被动;有的干部注重打造领导"可视范围"内的项目工程,热衷造"盆景"、树"样板"。现实警示我们,纠正"四风"切不可有喘口气、歇歇脚的想法,必须抓常、抓细、抓长,以永远在路上的坚韧锲而不舍抓下去、抓到底。①

(二)驰而不息整治"四风"问题

作风问题具有顽固性和反复性,形成优良作风不可能一劳永逸,必须以锲而不舍、驰而不息的决心和毅力,把作风建设不断引向深入。驰而不息整治"四风"问题,要求我们从以下几个方面做起。

---

① 参见《驰而不息纠正"四风"》,新华网 2017 年 12 月 11 日。

坚定理想信念。习近平总书记强调："理想信念就是共产党人精神上的'钙'，没有理想信念，理想信念不坚定，精神上就会'缺钙'，就会得'软骨病'。"① 彻底解决"四风"问题，要注重发挥理想信念教育的作用，将党在长期实践中形成的理论联系实际、密切联系群众、批评和自我批评三大作风发扬光大，始终秉持谦虚谨慎、艰苦奋斗的优良作风。

始终坚持以人民为中心，高度重视群众的感受和评价，不断增强群众观念和群众感情。现实中，一些干部"不怕群众不满意，就怕领导不注意"，对群众疾苦态度漠然、听之任之，习惯当"甩手掌柜"。反思"四风"问题，宗旨意识淡薄、心中没有人民是重要思想根源。改进作风，就要把人民放在心中最高位置，从群众最不满意的地方改起，从群众最关切的地方抓起，以实打实、心贴心的举措造福于民，以看得见、摸得着的变化取信于民。只有群众认可了、满意了，党群、干群关系拉近了，作风建设才是真正见成效、得人心。

突出问题导向。转变作风，主要不是看开了多少会、作了多少表态、发了多少文件，而是要看解决了多少实际问题。中央的决策部署是否真正落实了？群众反映强烈的问题是否切实解决了？损害群众利益的行为是否坚决纠正了？各地区各部门都要揽镜自照，查摆表现，寻找差距，认真查找"四风"突出问题特别是形式主义、官僚主义的新表现，抓住主要矛盾立行立改。特别要针对表态多调门高、行动少落实差等突出问题，拿出过硬措施，扎扎实实地改。既要发现和查处个案，又要形成科学有效的制度，既要紧盯元旦、春节等时间节点，又要在平时抓早、抓小、抓细，坚决防止不良风气反弹回潮，不断巩固和拓展落实中央八项规定精神的成果，把作风建设引向深入。②

---

① 《十八大以来重要文献选编》（上），中央文献出版社 2014 年版，第 80 页。
② 参见《驰而不息纠正"四风"》，新华网 2017 年 12 月 11 日。

发挥领导干部的带头作用。党的十八大以来，作风建设之所以成效显著，一个重要经验就是坚持以上率下，尤其是以习近平同志为核心的党中央以身作则、率先垂范，为全党树立了榜样和标杆。"善禁者，先禁其身而后人。"深入推进作风建设，要求各级领导干部带头转变作风，从我做起、身体力行，带头抵制歪风邪气，带头弘扬清风正气，形成"头雁效应"，不断激发正风肃纪的正能量。

扎紧制度笼子。党的十九大报告指出，要把制度建设贯穿党的建设全过程。作风建设根本上还要靠制度来保障，防止不正之风，必须一手抓治标，一手抓治本。要扎紧制度的笼子，形成科学严密的作风建设制度体系，以最严厉的标准、最严厉的措施正风肃纪，使"四风"无缝可钻。检查落实中央八项规定精神，总结经验、修订完善，为驰而不息反"四风"提供制度保障，真正做到从治标到标本兼治，从"不敢"到"不能""不想"的转变。

改进作风需久久为功，作风建设永远在路上。坚持不懈推进作风建设，坚定不移全面从严治党，广大党员干部必将以良好作风凝心聚力，以奋斗姿态干事创业，不断在新征程上夺取新胜利、续写新篇章。

三、严明纪律，管党治党走向"严紧硬"

我们党是靠铁的纪律组织起来的马克思主义政党，纪律严明是党的光荣传统和独特优势，也是全面从严治党的鲜明特征和重要保证。习近平总书记在党的十八届六中全会上强调，坚定不移推进全面从严治党，必须抓好严明纪律这个关键，推动管党治党从"宽松软"走向"严紧硬"。习近平总书记在党的十九大报告中再次强调要"严明党的纪律",同时提出新时代加强党的纪律建设的要求。在新的时代条件下强调严明纪律,有深远而重大的意义。对此,每个党员干部首先要做到认识到位,切实从思想层面深刻而准确地把握。

(一) 严明纪律是中国共产党的优良传统和宝贵经验

我们党从成立之日起就非常注重纪律建设,是一个讲纪律的党。当时,在共产国际的帮助下,我们党一开始就是按照列宁主义的建党原则建立起来的有着严明纪律的政党。由于形势紧张,党的一大没有来得及对纪律问题作出说明。到党的二大时,专门通过了《关于共产党的组织章程决议案》,明确指出:"凡一个革命的党,若是缺少严密的集权的有纪律的组织与训练,那就只有革命的愿望便不能够有力量去做革命的运动。""自中央机关以至小团体的基本组织要有严密系统才免得乌合的状态;要有集权精神与铁似的纪律,才免得安那其(安那其,Anarchism 的音译,即无政府主义)的状态。"这个决议案不长,只有 800 多字,但通篇讲的都是纪律问题。

当时社会上政党很多,有上百个。但这些政党的政治生命大都没能延续太久,只有中国共产党发展起来了,成为中国工人阶级和中华民族的先锋队,成为中国革命的领导力量。这里面有很多原因,其中一个原因与我们的建党原则有关,就是强调纪律建设。正因为有严密的铁的纪律,我们这个党历经磨难和曲折都拖不垮、打不烂。

在井冈山时期,我们党领导武装斗争,更是强调纪律。毛泽东同志那时亲自为红军制定了三大纪律八项注意,还谱成歌曲来传唱。纪律严明,一切行动听指挥,不拿群众一针一线,这些纪律,耳熟能详,对几代共产党人都产生了极大的影响。那么多困难和艰险,我们都挺过来了,凭什么、靠什么?一个是崇高的理想,再一个就是严明的纪律。① 新中国成立前夕,在西柏坡,毛泽东同志再次强调纪律,强调集中统一,要求建立报告制度。正是这项制度的建立和执行,有力推进了党的作风建设和纪律建设,为全党统一意志、统一行动提供了有力保证。邓小平同志也非常重视纪律问题。他说过:"我们这么大一个国家,怎样才能团结起来、组织起来呢?一靠理想,二靠纪律。组织起来就有力量。没有理想,没有纪律,就会像旧中国那样一盘散沙,那我们的革命怎么能够成功?我们的建设怎么能够成功?"② 党的十八大以来,以习近平同志为核心的党中央站在坚持党的领导、加强党的建设、全面从严治党的新高度,把加强纪律建设摆在更加突出的位置,以严明的纪律管全党治全党。习近平总书记强调指出,要"扎紧党规党纪的笼子,把党的纪律刻印在全体党员特别是党员领导干部的心上"③。在新时代,我们党要团结带领人民完成各项目标任务、夺取新时代中国特色社会主义伟大胜利,必须要有铁的纪律作保证,以维护党的团结统一,确保全党统一意志、统一行动、步调一致前进。

(二)严明纪律是全面从严治党的必然要求

党的十八大以来,习近平总书记高度重视党的建设,在多个场合强调了党要管党、从严治党。2014年12月,习近平总书记在江苏考察时,又在"从严治党"前面加了"全面"两个字。"全面从严治党"是习近平总书记在科学分析新形势下党的建设基本态势与客观要求、自觉运用中国共产党执政与建设规律的基础上提出的重大战略论断。

---

① 参见孙业礼:《党员干部要守纪律、讲规矩——学习习近平有关重要论述的体会》,《党的文献》2015年第5期。
② 《邓小平文选》第三卷,人民出版社1993年版,第111页。
③ 《习近平关于严明党的纪律和规矩论述摘编》,中央文献出版社、中国方正出版社2016年版,第9页。

习近平总书记在十九届中央纪委二次全会上指出，党的十八大后，我们紧紧盯住全面从严治党不力这个症结，坚持发扬我们党历史上行之有效的好经验好做法，深化对管党治党规律的认识、创造新的经验，全面从严治党成效卓著。同时他强调，在中国特色社会主义新时代，完成伟大事业必须靠党的领导，党一定要有新气象新作为。要全面贯彻党的十九大精神，重整行装再出发，以永远在路上的执着把全面从严治党引向深入，开创全面从严治党新局面。全面从严治党绝不是一句空话，必须依靠严明的纪律和规矩来保障和实现。党章第三十九条规定："党的纪律是党的各级组织和全体党员必须遵守的行为规则，是维护党的团结统一、完成党的任务的保证。党组织必须严格执行和维护党的纪律，共产党员必须自觉接受党的纪律的约束。"国有国法，家有家规。从严治党根据什么？就是靠党的纪律和规矩。党纪严于国法，对党员的要求除了有国法的要求，还有党纪的要求，治党从严就要从严格党纪抓起。"人不以规矩则废，党不以规矩则乱。"对一个党员来说，纪律和规矩是高压线；对一个政党来说，纪律和规矩是生命线。我们党是一个拥有9500多万名党员的大党，肩负着重要的历史使命，如果人人都无视政治纪律、政治规矩，为所欲为、胡言乱语，人数再多又有什么用？如果利益集团、团伙帮派、结党营私大行其道，党又与一盘散沙何异？加强纪律建设是全面从严治党的治本之策，全面从严治党就是要把纪律和规矩挺在前面。

（三）严明纪律是重构良好政治生态的重大举措

党的十八大以来，习近平总书记多次谈到政治生态问题，他在十八届中央纪委二次全会上指出："改进工作作风，就是要净化政治生态，营造廉洁从政的良好环境。"① 他在十八届中央政治局第十六次集体学习时强调：加强党的建设，必须营造一个良好从政环境，也就是要有一个好的政治生态。在十八届中央纪委五次全会上，习近平总书记又语重心长地指出，重构政治生态的工作艰巨繁重。以习近平同志为核心的党中央提出重构政治生态这一战略课题，充分体现了我们党在思想上的高度成熟和政治上的远见卓识。一段时间以来，在一些地方和单位，"四风"问题严重，党内和社会上潜规则盛行，政治生态和社会环境受到污染，一些干部被"围猎"。一些地方出现系统性、家族式、塌方式腐败，折射的是政治生态被污染和破坏现象"泛化"的问题。对于党员干部来说，纪律和规矩是抵抗不良风气侵蚀的"抗体"、维护政治生命健康的"疫苗"。② 党员干部只有自觉守纪律、讲规矩，从思想上、行动上清除、远离"污染源"，心存敬畏、保持定力、行有所止，才能促进政治生态正本清源、固本培元，才能为建设风清气正的政治生态筑牢重要屏障。

（四）严明纪律是我们党与时俱进提升治国理政能力的基本要求

每个时代都有每个时代的形势和任务，相对以往，当下中国所面临的形势复杂程度前所未有，各族人民对我们党的期待前所未有，需要我们党解决问题的难度前所未有。这一切都需要我们党勇敢地站出来，凝心聚力、攻坚克难，最大限度地发挥领导核心作用。对于我们这样一个拥有9500多名万党员、在一个14亿多人口的大国长期执政的马克思主义政党，尤其需要严明纪律、严守规矩。只有这样，才能确保全党统一意志、统一行动、统一步调、令行禁止。

---

① 《习近平关于党风廉政建设和反腐败斗争论述摘编》，中央文献出版社、中国方正出版社2015年版，第6页。
② 参见《"守纪律、讲规矩"的时代内涵和现实意义》，《中国纪检监察报》2015年3月31日。

"水能载舟，亦能覆舟。"20世纪90年代初期，相继发生了东欧剧变、苏联解体等一系列改变国际政治格局、影响深远的重大政治事件。客观地讲，引发相关事件的原因是多方面的，但其中至关重要的一点就是这些国家执政的共产党自己忘本了、变色了，丢掉了自己曾经向人民许下的庄重诺言，丢掉了自己曾经为自己立下的纪律和规矩，为所欲为，腐败堕落，严重背离了共产党的宗旨和信念，严重脱离人民群众，甚至走向了人民群众的对立面，最终被人民群众所唾弃。据有关回忆录描述，在苏联即将解体的前夕，还有人预言至少会出现部分党的领导干部带领一些人民群众进行抗争引发流血的场面，可到最后却是出人意料的一片沉寂，几乎所有人都平静地接受了这一残酷的现实。所以，以习近平同志为核心的党中央审时度势，提出严明党的纪律，恰恰是我们党不断提升治国理政能力和水平的必然要求，是顺应时局变化，与时俱进，不断推进各项事业持续健康发展的时代要求。[1]

我们党是始终代表人民根本利益的马克思主义政党，选择中国共产党长期执政是人民的选择，是人民的期盼。我们党要始终秉持执政为民、执政兴国的理念，永远作人民的主心骨、领头羊，就必须自我约束、自加压力，通过严明的纪律和规矩，时刻保持我们党的使命意识、创新意识、忧患意识。当前，中国特色社会主义进入新时代，广大党员干部必须严格遵守党的纪律和规矩，时刻以优良的作风、饱满的精神，把人民紧紧凝聚起来，团结带领全国各族人民实现中华民族伟大复兴的中国梦。

---

[1] 参见宋全：《守纪律讲规矩 做合格共产党员》，人民网-中国共产党新闻网2017年7月26日。

四、重点强化政治纪律和政治规矩

在党的所有纪律和规矩中,第一位的是政治纪律和政治规矩。遵守党的纪律和规矩,首要的就是严守党的政治纪律和政治规矩,它是遵守党的全部纪律和规矩的重要基础。党的十九大报告指出:"全党要坚定执行党的政治路线,严格遵守政治纪律和政治规矩,在政治立场、政治方向、政治原则、政治道路上同党中央保持高度一致。"党章也明确规定,党员必须"自觉遵守党的纪律,首先是党的政治纪律和政治规矩"。

(一)党员干部在遵守党的政治纪律和政治规矩方面存在的问题

当前,在遵守和维护政治纪律和政治规矩方面,绝大多数党组织和党员干部做得是好的。但我们也要看到,有少数党组织和党员干部政治纪律和政治规矩意识不强,在遵守政治纪律和政治规矩方面存在不"严"不"实"现象,不同程度地存在习近平总书记所说的"七个有之"情况。

1. 政治方向和立场方面的问题

在政治方向和立场方面,有的同志理想信念不坚定,党性修养不纯正,虽然口头上讲信仰、讲忠诚,但思想深处信仰缺失,精神缺钙,"马列主义对人,自由主义对己"。有的同志政治立场不坚定,是非观念不清,在原则问题和大是大非面前立场摇摆,对各种错误思潮缺乏敏感性和鉴别力,对诽谤党和政府的言论视而不见,甚至人云亦云。有的同志没有树立正确的权力观、价值观,把党和人民赋予的权力看成一种值得炫耀的社会地位,甚至当作利己工具,将干群之间的"鱼水关系"异化为"油水关系",在他们看来,讲理想、讲奉献已经成为过去时了,讲利益、讲实惠才是现在进行时。

2. 政治言论方面的问题

在政治言论方面,有的同志党性观念和纪律观念薄弱,自由主义盛行,想说什么说什么,口无遮拦,毫无顾忌,讲话不分场合、不负责任、不计后果。有的同志热衷于打探消息,四处询问,八方打听,捉到一些所谓内幕消息就私下传播。有的同志在干部选拔任用、考察过程中不讲大局、不讲组织原则,热衷于传播消息、跑风漏气。有的同志编造传播政治谣言,丑化损害党和国家形象。有的同志对涉及党的理论路线方针政策等重大政治问题说三道四、指指点点,甚至有的同志喜欢拿那些党已经明确规定的政治原则来说事。

3. 政治行为方面的问题

在政治行为方面,有的同志对贯彻执行上级决策部署奉行实用主义,对自己或本单位有利的就执行,否则就敷衍了事,打折扣、搞变通。有的领导班子既有民主不够、个人说了算问题,也有集中不够问题,班子里各自为政,形不成正确集中。有的干部为得到一官半职,热衷于拉关系、搞小圈子,以人划线,以地域划线,把正常的同志关系庸俗化、利益化、小团体化。有的党组织和领导干部在处理一些应该由上级决定的重要问题时,事前不请示、事后不报告,搞先斩后奏、边斩边奏,甚至斩而不奏。有的领导干部对组织不老实,要么以涉及隐私为由搞"选择性报告",要么干脆不报告,向组织隐瞒个人重大事项。

上面列举的这些现象,有些是少数人或极少数人的问题,不具有普遍性,也有一些是具有普遍性的问题和现象,在各地区、各部门的领导干部当中,或多或少、或轻或重地存在着。这些问题,主要是由领导干部自身主观世界改造不彻底造成的,放松了学习,头脑空虚,理想信念变质，思想"总开关"没有拧紧。当然，也存在组织方面的原因，主要是一些党组织对干部监督管理失之于宽、失之于软、失之于松，习惯于把防线的重点放在反对腐败上，认为只要干部没有腐败问题，其他问题不是那么重要，没有必要严加追究。

这些问题如不下大力气整治，就会像传染病一样蔓延开来，一方面，会在党内外造成恶劣影响，削弱党的凝聚力、战斗力，损害党的形象，损害党的群众基础，损害党的事业。另一方面，会对领导干部个人造成巨大危害，领导干部腐化堕落、违法犯罪往往都是从不讲规矩、不守纪律开始的。政治纪律和政治规矩是"带电的高压线""高悬的铁戒尺"，没有敬畏纪律和规矩之心，任性行事，迟早会栽大跟头。①

（二）严守政治纪律和政治规矩，要坚决维护以习近平同志为核心的党中央权威，把牢政治方向

坚决维护以习近平同志为核心的党中央权威和集中统一领导，这是一条最根本的政治纪律和政治规矩。党中央是党的事业的领导核心，习近平总书记是党中央的核心、全党的核心。坚决维护以习近平同志为核心的党中央权威和集中统一领导，始终在思想上政治上行动上同党中央保持高度一致，是我们必须牢牢把握的政治方向。要牢固树立"四个意识"特别是核心意识、看齐意识，自觉向党中央看齐，向党的理论和路线方针政策看齐，向党中央决策部署看齐，切实做到在思想上深刻认同核心、政治上坚决维护核心、组织上自觉服从核心、感情上坚决拥戴核心、行动上坚定紧跟核心。要把对马克思主义的信仰、对社会主义和共产主义的信念作为毕生追求，在改造客观世

---

① 参见于伟国：《切实把严守政治纪律政治规矩摆在更加重要位置》，人民网-中国共产党新闻网 2015 年 8 月 12 日。

界的同时不断改造主观世界,以坚定的理想信念筑牢信仰之基,以高度的道路自信、理论自信、制度自信、文化自信把稳思想之舵。要深入学习贯彻习近平新时代中国特色社会主义思想,读原著、学原文、悟原理,学会运用其中蕴含的马克思主义立场、观点、方法分析和解决问题。要始终站在党和国家大局上,统筹推进"五位一体"总体布局和协调推进"四个全面"战略布局,贯彻落实新发展理念,确保中央政令畅通,确保中央各项决策部署落地生根、开花结果。

(三)严守政治纪律和政治规矩,要坚决尊崇和维护党章,站稳政治立场

严守党的政治纪律和政治规矩,要从遵守和维护党章入手。党章是全党必须遵循的总章程,也是总规矩,党章规定的都是党内政治生活中最重要和最根本的问题,是党的纪律的基本规则,是党的各项准则和制度的总揽,也是制定党内其他行为规范的依据和基础。广大党员干部要切实增强党的意识、党章意识、党员意识,站稳政治立场,严格遵守党章党规党纪,将其作为指导党的工作、党内活动、党的建设的根本依据,落实到实际工作之中。要以党章为遵循,自觉学习党章、遵守党章、贯彻党章、维护党章,自觉把党章作为根本的行动准则,用党章规范言行,始终牢记自己的第一身份是党员、第一职责是为党工作,始终在党章允许的范围内活动,切实做到为党分忧、为国尽责、为民奉献,永葆共产党人的政治本色。要以党规党纪为遵循,自觉接受党规党纪的规范和约束,自觉践行党的优良传统和作风,不断强化"纪在法前、纪比法严"的意识,真正做到把成文和不成文的党规党纪内化于心、外化于行,真正做到以更高的标准、更严的要求

约束自己①,把遵守党的政治纪律和政治规矩落实到自己的全部工作中去,不论在什么地方、在哪个岗位上,都要经得起风浪考验,做政治上的明白人。

(四)严守政治纪律和政治规矩,要坚决弘扬求真务实、真抓实干作风,强化政治担当

求真务实、真抓实干是严守党的政治纪律和政治规矩的基本要求。过去一个时期,有些地方的部分干部弄虚作假、搞"忽悠",严重败坏了党的实事求是思想路线和求真务实工作作风,严重影响科学决策,严重危害经济社会发展和人民群众利益,广大党员干部要深刻吸取这一沉痛教训。要切实转变作风,坚持把求真务实、真抓实干当作一种必备素养、一种政治担当,想问题、作决策、办事情都要从实际出发,不提不切实际的口号,不提超越阶段的目标,不做不切实际的事情,坚决防止弄虚作假、搞"忽悠"。要密切联系群众,始终把人民的利益放在心中最高位置,坚持问政于民、问需于民、问计于民,诚心诚意为人民群众服好务、谋好利,决不在群众面前自以为是、盛气凌人,决不当官做老爷、漠视群众疾苦,决不搞"形象工程""政绩工程"。要有"功成不必在我"的胸怀,扎扎实实,埋头苦干,久久为功,做出经得起历史和实践检验的工作业绩。要积极主动作为,加强调查研究,提出务实举措,增强工作的针对性、精准性、实效性。要狠抓工作落实,看准的事情就要盯住不放,定下的任务就要一抓到底,以钉钉子的精神和踏石留印、抓铁有痕的力度,抢抓机遇抓落实、认真较真抓落实、攻坚克难抓落实、拼搏进取抓落实、时不我待抓落实。②

---

① 参见李希:《把严守政治纪律政治规矩作为第一标准》,《辽宁日报》2017年1月16日。
② 参见李希:《把严守政治纪律政治规矩作为第一标准》,《辽宁日报》2017年1月16日。

政治纪律和政治规矩之于政党，堪称生死攸关的生命线。一个政党如果政治纪律和政治规矩不严，允许其各级组织在政治主张上各树旗帜、在政策主张上各搞一套，允许其成员在言论上口无遮拦、想说啥就说啥，在行动上为所欲为、想干啥就干啥，这个政党就不会有凝聚力、战斗力，也不会有任何政治作为。我们党强调政治纪律和政治规矩，揭示了党的建设的客观规律，扭住了党的建设的"牛鼻子"。政治纪律和政治规矩作为党的全部纪律和规矩的基础，一直是我们党最重要、最根本、最关键的纪律和规矩，也是维护党的团结统一的根本保证，广大党员干部必须严格遵守。

第八章 标本兼治反腐败——巩固发展反腐败斗争压倒性胜利

人民群众最痛恨腐败现象，腐败是我们党面临的最大威胁。党的十八大以来，以习近平同志为核心的党中央以强烈的历史责任感、深沉的使命忧患意识和顽强的意志品质，紧紧盯住全面从严治党不力这个症结，刀刃向内，忍痛切割自身的毒瘤和腐肉，"打虎""拍蝇""猎狐"三箭齐发，取得反腐败斗争压倒性胜利，全面从严治党取得新的重大成果。

在成绩面前，我们也应清醒看到，反腐败斗争形势依然严峻复杂，全面从严治党决不能半途而废，巩固发展反腐败斗争压倒性胜利的决心必须坚如磐石。只有以永远在路上的坚韧和执着，深化标本兼治，保证干部清正、政府清廉、政治清明，才能跳出历史周期律，确保党和国家长治久安。

一、跳出历史周期率

历史周期率问题的提出源自 1945 年 7 月 4 日毛泽东同志和黄炎培先生的"延安窑洞对话"，主要是指历史上政权经历兴衰治乱、往复循环的周期性现象。自历史周期率问题提出以来，一代又一代中国共产党人不断总结古今中外的经验教训，不懈探索跳出历史周期率之路。尤其

第八章 标本兼治反腐败——巩固发展反腐败斗争压倒性胜利

是党的十八大以来,习近平总书记多次强调要跳出历史周期率,带领全党以前所未有的勇气和定力推进全面从严治党,极大增强党自我净化、自我完善、自我革新、自我提高的能力。中国共产党以用实际行动和伟大成就,成功回答了"窑洞之问",着力解决好"其兴也勃焉,其亡也忽焉"的历史性课题。

（一）保持忧患意识，深刻认识腐败导致人亡政息的历史规律

执政党最致命的危险就是腐败,如果任凭腐败问题愈演愈烈,最终必然亡党亡国。怎么消除这些危险、稳固政权、长期执政,进而开创中华民族又一个新的盛世,实现强国之梦、复兴之梦？习近平总书记作出深刻回答："核心的问题是党要始终紧紧依靠人民,始终保持同人民群众的血肉联系,一刻也不脱离群众。要做到这一点,就必须坚定不移把党风廉政建设和反腐败斗争深入进行下去。人民群众最痛恨各种消极腐败现象,最痛恨各种特权现象,这些现象对党同人民群众的血肉联系最具杀伤力。一个政党,一个政权,其前途和命运最终取决于人心向背。我们必须下最大气力解决好消极腐败问题,确保党始终同人民心连心、同呼吸、共命运。"[①] 这一重要论述体现了深重的忧患意识、深邃的历史眼光和强烈的责任担当。

对一个政党、一个国家来讲,如果腐败这颗"毒瘤"不能及时铲除,再坚固的"堡垒"也会被攻破。这方面的例证很多。我国历史上,不少盛极一时的王朝在建立初期,鉴于前朝覆灭的教训,统治者一般都注意励精图治,注重肃贪反腐,以巩固政权；而到了中期特别是后期,往往腐败滋生蔓延,结果不是人民揭竿而起,就是统治集团内部某些力量取而代之。近些年来,世界范围内一些长期执政的大

[①] 《习近平关于党风廉政建设和反腐败斗争论述摘编》,中央文献出版社、中国方正出版社2015年版,第6—7页。

党、老党失去政权，其中一个重要原因也是贪污腐败盛行，得不到有效遏制，结果导致社会动荡、政权垮台。这就是"其兴也勃焉，其亡也忽焉"的历史周期率。这些深刻教训值得牢牢记取。

我们党作为中国工人阶级的先锋队，同时也是中国人民和中华民族的先锋队，我们党的宗旨是全心全意为人民服务。只要我们始终坚持党的性质和宗旨，不变色，不变质，就一定能够跳出这个历史周期率，避免人亡政息。如何做到不变色、不变质？最根本的就是始终同人民群众心连心、同呼吸、共命运，保持党同人民群众的血肉联系。而这其中，极其重要的就是解决好消极腐败问题，因为人民群众最痛恨各种消极腐败现象，最痛恨各种特权现象，这些现象对党同人民群众的血肉联系最具杀伤力。①

（二）勇于进行自我革命

勇于自我革命，是我们党最鲜明的品格，也是我们党最大的优势。这是习近平总书记在《党必须勇于自我革命》一文开门见山提出的重大论断。"最鲜明的品格""最大的优势"这"两个最"的表述，深刻阐明了勇于自我革命之于我们党的极端重要性，深刻揭示了我们党的内在特质和制胜之道。习近平总书记在文中指出："中国共产党的伟大不在于不犯错误，而在于从不讳疾忌医，敢于直面问题，勇于自我革命，具有极强的自我修复能力。"② 中国共产党成立100年、执政70多年来，如何保持革命精神，是我们党在不同历史时期始终重视并着力解决的一个重大课题。1949年3月，在中国革命胜利前夕，毛泽东同志在党的七届二中全会上提出"两个务必"，指出"中国的革

---

① 参见李军：《跳出"兴勃亡忽"的历史周期律》，《中国纪检监察报》2013年12月10日。
② 《十八大以来重要文献选编》（下），中央文献出版社2018年版，第589页。

命是伟大的，但革命以后的路程更长，工作更伟大，更艰苦"①，要求全党继续保持和发扬革命精神。改革开放后，邓小平同志要求广大党员干部"发扬革命和拼命精神"，强调"革命精神是非常宝贵的，没有革命精神就没有革命行动"②。党的十八大以来，习近平总书记强调要"更加自觉地坚定党性原则，发扬彻底的自我革命精神，不断增强党自我净化、自我完善、自我革新、自我提高的能力"③。不忘初心、继续前进，就包含着不忘革命精神、不丧失革命精神这一重大命题。站在新时代新起点，我们党为什么能够始终走在时代前列、成为中国人民和中华民族的主心骨？④ 根本原因就在于党始终保持了自我革命的精神和勇气，敢于"拿起手术刀"来革除自身病症、解决自身问题。

勇于自我革命是中国共产党永葆先进性和纯洁性的制胜法宝。我们党作为百年大党，如何永葆先进性和纯洁性、永葆青春活力，如何永远得到人民拥护和支持，如何实现长期执政，是我们必须回答好、解决好的一个根本性问题。先进性和纯洁性是马克思主义政党的本质特征，但是这种特征并不会在任何条件下都自然而然地存在。一方面，先进性和纯洁性是与时俱进的，随着时代发展而不断发展；另一方面，保持先进性和纯洁性需要同来自内外的腐朽落后的思想和势力作斗争。中国共产党是具有崇高理想和奋斗目标的马克思主义政党，但也处于复杂的社会环境之中，各种腐朽思想不可避免地会影响党的队伍。在这样的背景下，我们党要大力发扬将革命进行到底的精神，一刻不放松地解决自身存在的问题，始终跟上时代、实践、人民的要求。只有勇于自我革命，着力解决党自身存在的突出问题，才能不断

---

① 《毛泽东选集》第四卷，人民出版社 1991 年版，第 1438 页。
② 《邓小平文选》第二卷，人民出版社 1994 年版，第 146 页。
③ 习近平：《在纪念周恩来同志诞辰 120 周年座谈会上的讲话》，新华网 2018 年 3 月 1 日。
④ 参见王香平：《党必须勇于自我革命》，《光明日报》2018 年 7 月 23 日。

增强党自我净化、自我完善、自我革新、自我提高能力，在守正出新中实现自身跨越，确保党始终成为中国特色社会主义事业的坚强领导核心。

（三）坚持全面从严治党

坚持和完善管党治党的制度体系。回望百年光辉历程，始终坚持依规治党，是我们党不断从胜利走向新的胜利的关键所在。从1926年党中央颁布第一个惩治腐败文件，到1956年八大党章规定任何党员和党的组织都必须受到党的自上而下的和自下而上的监督，再到改革开放后逐步建立健全党内监督各项制度……一代代中国共产党人不断探索怎样管党治党这个重大课题，在党的建设体系和能力上积累了丰富经验。党的十八大以来，从制定执行八项规定入手，到以政治建设为统领全面推进党的建设；从反腐败斗争形成压倒性态势，到取得压倒性胜利；从全面从严治党成为"四个全面"战略布局中的重要战略举措，到党的十九大进一步明确坚持全面从严治党是新时代坚持和发展中国特色社会主义的基本方略……全面从严治党的生动实践，充分彰显了以习近平同志为核心的党中央把党的伟大自我革命进行到底的坚定决心。当代中国共产党人正在以狭路相逢勇者胜的斗争精神，把全面从严治党持之以恒、毫不动摇地抓下去，为党和国家事业发展提供了坚强政治保证。

一以贯之、坚定不移全面从严治党。取得执政地位后，在40多年的改革开放和70多年的执政实践中，中国共产党始终对如何跳出执政的历史周期率这个历史难题保持着强烈的忧患意识，一直在探索破解方法。习近平总书记深刻总结了秦、汉、唐、清等封建王朝兴衰更替，以及明末农民起义、晚清太平天国运动等失败的历史教训，得出一个重要结论：历史周期率是我国历史上封建王朝、封建政权摆脱不

第八章　标本兼治反腐败——巩固发展反腐败斗争压倒性胜利

了的宿命。封建王朝盛极而衰、农民起义军先胜后败，一个共同的也是极其重要的原因，就是自己解决不了自己的问题。"物必先腐而后虫生。"为了解决好这个根本问题，党的十八大以来，以习近平同志为核心的党中央不断深化对全面从严治党规律的认识，以改革创新的精神抓党的建设，强化管党治党政治责任，把严的标准、严的措施贯穿于管党治党始终。坚持抓思想从严、监督从严、执纪从严、治吏从严、作风从严、反腐从严，加强理想信念教育，不断完善党内监督体系，坚持正风肃纪反腐，构建一体推进不敢腐、不能腐、不想腐的体制机制，坚决彻底扭转一些领域党的领导弱化、党的建设缺失、管党治党不力状况。党把方向、谋大局、定政策、促改革的能力和定力不断提高，党中央定于一尊、一锤定音的权威进一步强化，党的团结统一更加巩固，党在革命性锻造中焕发出新的强大生机活力。经过不懈努力，探索出一条长期执政条件下解决自身问题、跳出历史周期率的成功道路。①

跳出历史周期率是饱经忧患的中国人民对中国共产党的真诚期盼，从延安时期毛泽东同志找到的"民主新路"，到今天习近平总书记提出的"全面从严治党"，凝聚了几代中国共产党人的不懈探索。只有坚持全面从严治党，确保党始终成为中国特色社会主义事业的领导核心，才能最终跳出"历史周期率"，实现中华民族的伟大复兴。全面从严治党只有进行时，没有完成时，必须通过持之以恒的努力，不断提高党的执政能力和治理能力，为实现中华民族伟大复兴的中国梦提供最坚强的政治保证，才能在实现中华民族伟大复兴的征程上披荆斩棘，破浪前行。

---

① 参见张树军：《探索跳出历史周期率的成功道路》，《中国纪检监察报》2020年1月23日。

二、坚定不移"打虎""拍蝇""猎狐"

党的十八大以来,以习近平同志为核心的党中央全面加强党的领导和党的建设,紧紧盯住全面从严治党不力这个症结,刀刃向内,忍痛切割自身的毒瘤和腐肉,"打虎""拍蝇""猎狐"三箭齐发,取得反腐败斗争压倒性胜利,实现了党内政治生态重塑及党的肌体、形象、威望重塑。

(一)"打虎"不手软

"法治之下,任何人都不能心存侥幸,都不能指望法外施恩,没有免罪的'丹书铁券',也没有'铁帽子王'。"① 习近平总书记2015年2月在省部级主要领导干部专题研讨班上讲的这句话,彰显了我们党反腐的决心,也成为在群众中流传甚广的名言。"无禁区、全覆盖、零容忍"的反腐态度更是广为人知。

党的十八大以来,"打虎"成绩有目共睹,而且行动力度从未减弱。以2017年为例,4月间,新闻的标题是"中纪委一个月打虎6只";到了年中,再创纪录,"中纪委7月连打13虎";年末盘点,《中国纪检监察》杂志的文章中写道,"根据中央纪委网站通报,2017年以来,至少18名中管干部接受组织审查,近40名中管干部受到党纪处分"。据统计,2017年前9个月全国纪检监察机关共立案38.3万件,处分33.8万人,其中省部级及以上干部56人。党的十九大后,接连公布的鲁炜、刘强、张杰辉、冯新柱、季缃绮5名中管干部落马的消息,打破了有的人认为反腐败会喘口气、歇歇脚的幻想。

---

① 《习近平关于严明党的纪律和规矩论述摘编》,中央文献出版社、中国方正出版社2016年版,第87页。

第八章 标本兼治反腐败——巩固发展反腐败斗争压倒性胜利

党的十九大报告强调:"当前,反腐败斗争形势依然严峻复杂,巩固压倒性态势、夺取压倒性胜利的决心必须坚如磐石。"这一系列的"打虎"行动,体现的正是党中央"坚如磐石"的信念。[①]

"反腐败斗争取得压倒性胜利",这是2018年12月13日召开的中央政治局会议对我国反腐败斗争形势的重大判断。成果来之不易,我们必须坚定不移推进反腐败斗争,巩固和发展反腐败斗争压倒性胜利。2019年,中央纪委国家监委网站公布了秦光荣、李谦、彭宇行等20名中管干部接受中央纪委国家监委审查调查消息。2020年,中央纪委国家监委持续高频率"打虎"。中央纪委国家监委网站全年共发布30余条查处中管干部的消息,查处范围涉及中央部委、地方党委、人大、政府、政协、国企等。相较于2019年全年20名"老虎"落马"战绩",2020年"打虎"仍保持高压震慑态势。

"锄一害而众苗成,刑一恶而万民悦。"打掉"老虎",党内形成震慑,群众拍手称快。但是我们也要认识到,在实现不敢腐、不能腐、不想腐这方面,反腐败斗争形势依然严峻。越是在实现第一个百年奋斗目标、向第二个百年奋斗目标进军的关键时候,越是需要坚持鲜明的人民立场,越是需要持续加压发力,对有损党和人民事业的腐败行为零容忍。事实证明,无论"老虎"是谁、无论"虎"居何位,任何越过红线、触碰底线的腐败行为都会遭到人民群众的唾弃,都必将受到党纪国法的严肃处理。

(二)"拍蝇"赢民心

"老虎"可恶,"苍蝇"更影响党在群众当中的形象。反腐既不能放过"老虎",也不能漏过"苍蝇";既要坚决查处领导干部违纪违法

[①] 参见李贞、高敏:《"打虎""拍蝇""猎狐" 中共反腐决心坚如磐石》,《人民日报(海外版)》2018年1月11日。

案件，又要切实解决发生在群众身边的不正之风和腐败问题。

相对于"远在天边"的"老虎"，群众对"近在眼前"嗡嗡乱飞的"蝇贪"感受更为真切。"微腐败"也可能成为"大祸害"，它损害的是老百姓的切身利益，啃食的是群众的获得感，挥霍的是基层群众对党的信任。近年来，在高压反腐的态势下，仍有一些"苍蝇"潜藏于群众身边，严重侵害群众的切身利益。

"送钱就通水，送少了就断水"，被称为"亿元水官"的北戴河供水总公司原总经理马某某，用公权力念起了自家"生意经"。据报道，办案人员在其家中搜出现金上亿元，黄金37公斤，在北京和秦皇岛等地房产手续68套，贪腐程度令人触目惊心。北京动物园原副园长肖某某，利用职务便利侵吞工程款及拆迁款、虚开发票等手段，贪污1400余万元，此外还有800万元财产无法说明合法来源。广州市土地开发中心土地征用与整理一部原副主任科员黄某某因分管土地征收、拆迁安置、土地收储、旧村改造等核心工作，通过多种手段暗箱操作，短时间内敛财高达人民币8891万元。①

"'苍蝇'有'老虎胃'""硕鼠虽小，危害极大"，这些形象又具有讽刺意味的话语，一针见血地道出了小官贪腐的特点、危害。杜绝"小官巨贪"，需要反腐"抓小抓早"。我们在反腐斗争中打掉的"大老虎"，往往也正是从"微腐败"的"小苍蝇"中长出来的。许多贪官在其腐败生涯获得的"第一桶金"，往往都是从"微腐败"中获得的。尝到了第一次腐败的甜头，往往就一发不可收拾，就会有第二次和更多次，久之必然酿成"大腐败""大老虎"。在实践中查处的许多科级贪官的特点之一就是官虽不大，权力似也不大，但由于他们长期处在基层错综复杂的关系网中，那不大的权力甚至亦可权倾一方。这

---

① 参见姚奕、李源：《"打虎拍蝇猎狐"：铁腕反腐交出沉甸甸的成绩单》，人民网-中国共产党新闻网2016年10月22日。

些"微腐败"由于与基层群众接触机会多,所以对群众利益的伤害也最直接、最强烈。因此,其危害程度不容忽视。党的十八大以来,各级纪检监察部门采取多种措施,加大了基层反腐力度。此外,各级纪检监察机关开展专项活动治理基层腐败问题,对吃拿卡要、"雁过拔毛"、与民争利、侵吞国家和集体财产等典型问题快查严处。

随着基层反腐败力度的持续加大,反腐行动在多条战线铺开,以零容忍之势大幅清理腐败分子。党的纪律和监督真正落到了实处,人民群众切实享受到了更多的反腐成果。

(三)"猎狐"追穷寇

"不能让国外成为一些腐败分子的'避罪天堂',腐败分子即使逃到天涯海角,也要把他们追回来绳之以法,5年、10年、20年都要追……"这是党的十八大以来,我们党作出的庄严承诺。

承诺很快转化为雷霆行动。人民看到,一张惩治腐败的天罗地网迅速撒向全球:2014年,中央反腐败协调小组设立国际追逃追赃办公室,建立起国际追逃追赃工作协调机制;中央纪委设立国际合作局,公安部开展"猎狐2014"专项行动;2015年,由多个专项行动组成的"天网行动"启动,集中时间、集中力量"抓捕一批腐败分子,清理一批违规证照,打击一批地下钱庄,追缴一批涉案资产,劝返一批外逃人员"。同年,中国发布百名外逃人员红色通缉令;到2016年,"猎狐""天网行动"持续进行,中央相关单位、各省区市和驻外使领馆已全部建立追逃追赃协调机制。中国还通过二十国集团、亚太经合组织、《联合国反腐败公约》等多边框架开展国际追逃追赃合作。[①]

战鼓擂响,势不可挡。曾经"逍遥"的外逃贪官或无处藏身,或

---

① 参见姚奕、李源:《"打虎拍蝇猎狐":铁腕反腐交出沉甸甸的成绩单》,人民网-中国共产党新闻网2016年10月22日。

四面楚歌如惊弓之鸟，纷纷归案。据统计，2014年至2019年底，"天网行动"共从120多个国家和地区追回外逃人员7242人，其中党员和国家工作人员1923人，"百名红通人员"已有60人归案，平均每年追回外逃人员1200余人。① 一组实打实的数据，彰显出党中央"有逃必追、一追到底"的鲜明态度和坚定决心，见证着反腐败国际追逃追赃工作的坚实步履，反映了追逃追赃领域治理效能的不断提升。

反腐败追逃追赃，既要把人追回来，也要把赃款追回来。近年来，我国追赃力度持续加大，通过与政府合作、没收违法所得等手段，对境外赃款进行查找、冻结、没收和返还，努力实现境内赃款"藏不住、转不出"，境外赃款"找得到、追得回"。据统计，2014年至2019年，共追回赃款185.76亿元，平均每年追回赃款近31亿元。

人民群众最痛恨腐败分子外逃。在重拳高压之下，即使腐败分子躲到天涯海角，都难逃法网。我国持续加大反腐败国际追逃追赃工作力度，取得重要阶段性成果，实现了政治效果、纪法效果和社会效果的统一，契合了人民期望、回应了社会关切、赢得了党心民心。

三、推进反腐败国家立法

2018年3月11日，十三届全国人大一次会议表决通过宪法修正案，监察委员会作为国家机构的宪法地位正式确立。3月20日，会议表决通过《中华人民共和国监察法》。作为反腐败国家立法，《中华人民共和国监察法》使党的主张通过法定程序成为国家意志，以法律形式明确了反腐败工作的一系列重大问题，意义重大、影响深远。

---

① 参见柴雅欣：《开展天网行动 推进个案攻坚 反腐败国际追逃追赃工作系列报道之二》，中央纪委国家监委网站2020年8月7日。

第八章 标本兼治反腐败——巩固发展反腐败斗争压倒性胜利

（一）制定监察法是贯彻落实党中央关于深化国家监察体制改革决策部署的重大举措

深化国家监察体制改革是以习近平同志为核心的党中央作出的事关全局的重大政治体制改革，是强化党和国家自我监督的重大决策部署。改革的目标是，整合反腐败资源力量，加强党对反腐败工作的集中统一领导，构建集中统一、权威高效的中国特色国家监察体制，实现对所有行使公权力的公职人员监察全覆盖。深化国家监察体制改革是组织创新、制度创新，必须打破体制机制障碍，建立崭新的国家监察机构。制定监察法是深化国家监察体制改革的内在要求和重要环节。党中央对国家监察立法工作高度重视，习近平总书记在党的十八届六中全会和十八届中央纪委五次、六次、七次全会上均对此提出明确要求。中央政治局、中央政治局常务委员会和中央全面深化改革领导小组多次专题研究深化国家监察体制改革、国家监察相关立法问题，确定了制定监察法的指导思想、基本原则和主要内容，明确了国家监察立法工作的方向和时间表、路线图。党的十九大明确提出："制定国家监察法，依法赋予监察委员会职责权限和调查手段，用留置取代'两规'措施。"监察法是反腐败国家立法，是一部对国家监察工作起统领性和基础性作用的法律。制定监察法，贯彻落实党中央关于深化国家监察体制改革决策部署，使党的主张通过法定程序成为国家意志，对于创新和完善国家监察制度，实现立法与改革相衔接，以法治思维和法治方式开展反腐败工作，意义重大、影响深远。

（二）制定监察法是坚持和加强党对反腐败工作的领导，构建集中统一、权威高效的国家监察体系的必然要求

中国共产党领导是中国特色社会主义最本质的特征，是中国特色社会主义制度的最大优势。我们推进各领域改革，都是为了完善和发

展中国特色社会主义制度，巩固党的执政基础、提高党的执政能力。以零容忍态度惩治腐败是中国共产党鲜明的政治立场，是党心民心所向，必须始终坚持在党中央统一领导下推进。当前反腐败斗争形势依然严峻复杂，与党风廉政建设和反腐败斗争的要求相比，我国的监察体制机制存在着明显不适应问题。一是监察范围过窄。国家监察体制改革之前，党内监督已经实现全覆盖，而依照行政监察法的规定，行政监察对象主要是行政机关及其工作人员，还没有做到对所有行使公权力的公职人员全覆盖。在我国，党管干部是坚持党的领导的重要原则。作为执政党，我们党不仅管干部的培养、提拔、使用，还必须对干部进行教育、管理、监督，必须对违纪违法的干部作出处理，对党员干部和其他公职人员的腐败行为进行查处。二是反腐败力量分散。国家监察体制改革之前，党的纪律检查机关依照党章党规对党员的违纪行为进行审查，行政监察机关依照行政监察法对行政机关工作人员的违法违纪行为进行监察，检察机关依照刑事诉讼法对国家工作人员的职务犯罪行为进行查处，反腐败职能既分别行使，又交叉重叠，没有形成合力。同时，检察机关对职务犯罪案件既行使侦查权，又行使批捕、起诉等权力，缺乏有效监督机制。深化国家监察体制改革，组建党统一领导的反腐败工作机构即监察委员会，就是将行政监察部门、预防腐败机构和检察机关查处贪污贿赂、失职渎职以及预防职务犯罪等部门的工作力量整合起来，把反腐败资源集中起来，把执纪和执法贯通起来，攥指成拳，形成合力。三是体现专责和集中统一不够。制定监察法，明确监察委员会的性质、地位，明确"各级监察委员会是行使国家监察职能的专责机关"，从而与党章关于"党的各级纪律检查委员会是党内监督专责机关"相呼应，通过国家立法把党对反腐败工作集中统一领导的体制机制固定下来，构建党统一指挥、全面覆盖、权威高效的监督体系，把制度优势转化为治理效能。

第八章 标本兼治反腐败——巩固发展反腐败斗争压倒性胜利

（三）制定监察法是总结党的十八大以来反腐败实践经验，为新形势下反腐败斗争提供坚强法治保障的现实需要

党的十八大以来，以习近平同志为核心的党中央坚持反腐败无禁区、全覆盖、零容忍，以雷霆万钧之势，坚定不移"打虎""拍蝇""猎狐"，不敢腐的目标初步实现，不能腐的笼子越扎越牢，不想腐的堤坝正在构筑。在深入开展反腐败斗争的同时，深化国家监察体制改革试点工作积极推进。根据党中央决策部署，2016年12月，十二届全国人大常委会第二十五次会议通过《全国人民代表大会常务委员会关于在北京市、山西省、浙江省开展国家监察体制改革试点工作的决定》，经过一年多的实践，国家监察体制改革在实践中迈出了坚实步伐，积累了可复制可推广的经验。根据党的十九大精神，在认真总结三省市试点工作经验的基础上，2017年11月，十二届全国人大常委会第三十次会议通过《全国人民代表大会常务委员会关于在全国各地推开国家监察体制改革试点工作的决定》，国家监察体制改革试点工作在全国有序推开，目前，省、市、县三级监察委员会已经全部组建成立。通过国家立法赋予监察委员会必要的权限和措施，将行政监察法已有规定和实践中正在使用、行之有效的措施确定下来，明确监察机关可以采取谈话、讯问、询问、查询、冻结、调取、查封、扣押、搜查、勘验检查、鉴定、留置等措施开展调查。尤其是用留置取代"两规"措施，并规定严格的程序，有利于解决长期困扰我们的法治难题，彰显全面依法治国的决心和自信。改革的深化要求法治保障，法治的实现离不开改革推动。通过制定监察法，把党的十八大以来在推进党风廉政建设和反腐败斗争中形成的新理念新举措新经验以法律形式固定下来，巩固国家监察体制改革成果，保障反腐败工作在法治轨道上行稳致远。

（四）制定监察法是坚持党内监督与国家监察有机统一，坚持走中国特色监察道路的创制之举

权力必须受到制约和监督。在我国，党的机关、人大机关、行政机关、政协机关、监察机关、审判机关、检察机关等，都在党中央统一领导下行使公权力，为人民用权，对人民负责，受人民监督。在我国监督体系中，党内监督和国家监察发挥着十分重要的作用。党内监督是对全体党员尤其是对党员干部实行的监督，国家监察是对所有行使公权力的公职人员实行的监督。我国80％的公务员和超过95％的领导干部是共产党员，这就决定了党内监督和国家监察具有高度的内在一致性，也决定了实行党内监督和国家监察相统一的必然性。这种把二者有机统一起来的监督制度具有鲜明的中国特色。党的十八大以来，党中央坚持全面从严治党，在加大反腐败力度的同时，完善党章党规，实现依规治党，取得历史性成就。完善我国监督体系，既要加强党内监督，又要加强国家监察。深化国家监察体制改革，成立监察委员会，并与党的纪律检查机关合署办公，代表党和国家行使监督权和监察权，履行纪检、监察两项职责，加强对所有行使公权力的公职人员的监督，从而在我们党和国家形成巡视、派驻、监察三个全覆盖的统一的权力监督格局，形成发现问题、纠正偏差、惩治腐败的有效机制，为实现党和国家长治久安走出了一条中国特色监察道路。同时要看到，这次监察体制改革确立的监察制度，也体现了中华民族传统制度文化，是对中国历史上监察制度的一种借鉴，是对当今权力制约形式的一个新探索。制定监察法，就是通过立法方式保证依规治党与依法治国、党内监督与国家监察有机统一，将党内监督同国家机关监督、民主监督、司法监督、群众监督、舆论监督贯通起来，不断提高党和国家的监督效能。

（五）制定监察法是加强宪法实施，丰富和发展人民代表大会制度，推进国家治理体系和治理能力现代化的战略举措

宪法是国家的根本法，是治国安邦的总章程，是党和人民意志的集中体现。在总体保持我国宪法连续性、稳定性、权威性的基础上，十三届全国人大一次会议对宪法作出部分修改，把党和人民在实践中取得的重大理论创新、实践创新、制度创新成果上升为宪法规定，实现了宪法的与时俱进。这次宪法修改的重要内容之一，是增加有关监察委员会的各项规定，对国家机构作出了重要调整和完善。通过完备的法律保证宪法确立的制度得到落实，是宪法实施的重要途径。在本次人民代表大会上，先通过宪法修正案，然后再审议监察法草案，及时将宪法修改所确立的监察制度进一步具体化，是我们党依宪执政、依宪治国的生动实践和鲜明写照。人民代表大会制度是我国的根本政治制度，是坚持党的领导、人民当家作主、依法治国有机统一的根本政治制度安排。人民行使国家权力的机关是全国人民代表大会和地方各级人民代表大会。监察法草案根据宪法修正案将行使国家监察职能的专责机关纳入国家机构体系，明确监察委员会由同级人大产生，对它负责，受它监督，拓宽了人民监督权力的途径，提高了社会主义民主政治制度化、规范化、法治化水平，丰富和发展了人民代表大会制度的内涵，推动了人民代表大会制度与时俱进，对推进国家治理体系和治理能力现代化具有深远意义。①

四、构建一体推进不敢腐、不能腐、不想腐的体制机制

腐败是我们党面临的最大威胁，反腐败是关系党和国家前途命运

---

① 参见李建国：《关于〈中华人民共和国监察法（草案）〉的说明》，《人民日报》2018年3月14日。

的重大政治斗争。党的十九大报告指出,要强化不敢腐的震慑,扎牢不能腐的笼子,增强不想腐的自觉,通过不懈努力换来海晏河清、朗朗乾坤。党的十九届四中全会《决定》提出构建一体推进不敢腐、不能腐、不想腐(以下简称"三不")的体制机制的明确任务,这是党的十八大特别是党的十九大以来,在以习近平同志为核心的党中央坚强领导下,全面从严治党、反腐败斗争取得压倒性胜利的一条重要经验,也是标本兼治、巩固和发展反腐败斗争成果的重大举措。

(一) 一体推进"三不"斗争方略的形成过程

坚定不移反对腐败是中国共产党一以贯之的坚定政治立场。在不同的历史时期,我们党始终把反腐败作为严肃的政治斗争摆在突出位置,通过客观分析不同阶段形势变化,持续深化对反腐败规律的认识把握,审时度势科学制定反腐败斗争方略,不断发展和完善反腐败斗争的体制机制。

党的十一届三中全会后,我们党坚持一手抓改革发展、一手抓反腐败斗争,在不断深化改革开放的同时,惩治腐败的力度也始终没有放松,反腐败斗争不断深化。党的十八大以来,以习近平同志为核心的党中央坚定不移推进全面从严治党,以坚如磐石的决心和坚韧不拔的意志,坚持反腐败无禁区、全覆盖、零容忍,集中削减腐败存量,坚决遏制腐败增量,反腐败斗争取得压倒性胜利。

在坚定不移反对腐败的过程中,一体推进"三不"的斗争方略逐步形成和发展。2013年1月,习近平总书记在十八届中央纪委二次全会上指出,要加强对权力运行的制约和监督,把权力关进制度的笼子里,"形成不敢腐的惩戒机制、不能腐的防范机制、不易腐的保障机

第八章 标本兼治反腐败——巩固发展反腐败斗争压倒性胜利

制"①。一年后，习近平总书记在十八届中央纪委三次全会上强调，加大查办违纪违法案件力度，保持惩治腐败高压态势，"形成不想腐、不能腐、不敢腐的有效机制"②。十八届四中全会通过的《中共中央关于全面推进依法治国若干重大问题的决定》明确要求"形成不敢腐、不能腐、不想腐的有效机制"。2017年10月，党的十九大报告在总结过去五年全面从严治党卓著成效时指出，"不敢腐的目标初步实现，不能腐的笼子越扎越牢，不想腐的堤坝正在构筑，反腐败斗争压倒性态势已经形成并巩固发展"。报告进一步强调，面对依然严峻复杂的反腐败斗争形势，巩固压倒性态势、夺取压倒性胜利的决心必须坚如磐石，必须"强化不敢腐的震慑，扎牢不能腐的笼子，增强不想腐的自觉"。2019年1月，在十九届中央纪委三次全会上，习近平总书记强调，不敢腐、不能腐、不想腐是一个有机整体，不是三个阶段的划分，也不是三个环节的割裂。要深化标本兼治，用好治标利器，夯实治本基础，"一体推进不敢腐、不能腐、不想腐"。全会工作报告系统总结了改革开放以来纪检监察工作的认识和体会，其中重要一条就是，始终肩负起推进反腐败斗争的重大任务，坚持标本兼治、固本培元，"构建不敢腐、不能腐、不想腐的有效机制"。

由最开始的"不敢腐、不能腐、不易腐"，到后来的"不敢腐、不能腐、不想腐的有效机制""一体推进不敢腐、不能腐、不想腐"，再到十九届四中全会"构建一体推进不敢腐、不能腐、不想腐体制机制"，这种表述的逐渐变化，体现了我们党反腐败理念思路和成效经验，反映了反腐败斗争方略和体制机制的与时俱进。③

---

① 《十八大以来重要文献选编》（上），中央文献出版社2014年版，第136页。
② 《习近平关于党风廉政建设和反腐败斗争论述摘编》，中央文献出版社、中国方正出版社2015年版，第130页。
③ 参见《构建一体推进不敢腐不能腐不想腐体制机制》，《中国纪检监察报》2019年11月11日。

(二）一体推进"三不"的内在逻辑

一体推进"三不"，凝结着对腐败发生机理、管党治党规律和当前形势任务的深刻洞察，是适用于全面从严治党各方面的科学思路和有效方法，必须整体把握、贯通理解，并在实践中坚持巩固、完善发展。

不敢腐、不能腐、不想腐，相互融合、环环相扣，体现了内因和外因、自律和他律辩证关系。不敢腐是前提，指的是纪律、法治、威慑，解决的是腐败成本问题，只有严厉惩治，一旦腐败就会付出惨重代价，才能让意欲腐败者不敢越雷池半步，为"不能""不想"创造条件；不能腐是关键，指的是制度监督、约束，解决的是腐败机会问题，只有强化监督制约、扎紧制度笼子，才能让胆敢腐败者无机可乘，巩固"不敢""不想"的成果；不想腐是根本，指的是认知、觉悟、文化，解决的是腐败动机问题，只有树立廉荣贪耻的价值取向，才能从思想源头上消除贪腐之念，实现"不敢""不能"的升华。三者贯穿着道德、纪律、法律、制度等要求，辩证统一、交互作用、相辅相成。

一体推进"三不"，是政治性、政策性、专业性很强的工作，必须科学谋划、统筹安排。要牢固树立"一盘棋"思想，在结合融合上下功夫，注重历史和现实、理论和实践、中央要求和自身实际的结合，在结合中创造性落实；要在唯物辩证上下功夫，坚持用联系的、历史的、全面的、发展的眼光分析和处理问题，力求客观公正、精准有效；要在贯通协同上下功夫，把监督执纪问责与监督执法处置贯通起来，把纪律监督、监察监督、派驻监督、巡视监督贯通起来，把党内监督与国家机关监督、人民群众监督贯通起来，统筹联动、形成合力①；要把握好治标与治本的关系，坚持一手惩、一手治，以坚强有力的治标行动为治本创造条件，以科学周密的治本举措巩固治标成果、根除病源，坚持久久为功、以钉钉子精神做实做细做好各项工作，不断积累工作成果。

（三）一体推进"三不"的思路举措

巩固发展反腐败斗争压倒性胜利，必须贯彻落实党的十九届四中全会决策部署，强化系统集成，注重协同高效，加快构建一体推进不敢腐、不能腐、不想腐的体制机制，不断提高反腐败工作质量和水平。

强化不敢腐的震慑，构建不敢腐的惩戒机制。要保持惩治腐败高压态势，坚持无禁区、全覆盖、零容忍，坚持重遏制、强高压、长震慑，坚持受贿行贿一起查，"打虎""拍蝇""猎狐"多管齐下，集中削减腐败存量，坚决遏制腐败增量，确保有案必查、底线常在、"后墙"不松。要坚决查处政治问题和经济问题交织的腐败案件，对党的十八大后不收敛、不收手，特别是党的十九大后仍不知敬畏、胆大妄为的，发现一起查处一起。加大重点领域和关键环节反腐力度，坚决斩断"围猎"和甘于被"围猎"的利益链，坚决破除权钱交易的关系网。持续整治群众身边腐败和作风问题，严惩扶贫民生领域腐败、涉黑腐败及"保护伞"，不断增强人民群众获得感、幸福感、安全感。推进追逃防逃追赃，深度参与反腐败国际治理，以天罗地网切断腐败分子外逃后路。通过构建不敢腐的惩戒机制，持续强化不敢腐的震慑，真正实现让制度"长牙"、纪律"带电"，为深化标本兼治和夺取

---

① 参见《一体推进不敢腐、不能腐、不想腐，怎么理解？》，中央纪委国家监委网站2019年12月22日。

反腐败斗争根本性胜利夯实基础。

扎牢不能腐的笼子，构建不能腐的约束机制。腐败的本质是权力滥用，反腐败必须强化对权力运行的制约和监督。要坚持和完善党和国家监督体系，以党内监督为主导，推动各类监督有机贯通、相互协调，实现对所有党员、干部和行使公权力的公职人员监督全覆盖，确保党的路线方针政策和党中央重大决策部署贯彻落实到位，确保党和人民赋予的权力规范正确行使。坚持权责法定，科学配置党政机关及内设机构权力和职能职责，健全权责清单制度，推进权力运行公开透明，完善发现问题、纠正偏差、精准问责有效机制，压减权力设租寻租空间。加强对权力集中、资金密集、资源富集部门和行业的监督，推动审批监管、执法司法、工程建设、资源开发、金融信贷、公共资源交易、公共财政支出等重点领域监督机制改革和制度建设，铲除腐败滋生的土壤。推进反腐败国家立法，制定修订相关党内法规和国家法律，切实用制度管权管事管人。推进基层党风廉政建设，健全基层常态化、长效化监督机制，督促基层党员干部廉洁公平为民办事。

增强不想腐的自觉，构建不想腐的自律机制。一方面，要坚持以案为鉴、以案促改，不断强化反面警示教育。通过筛选典型案例，剖析案发原因，提高警示教育的针对性、实效性，做到用身边事教育身边人，筑牢党员干部拒腐防变、警钟长鸣的思想防线。另一方面，要坚持固本培元，加强思想道德教育。弘扬忠诚老实、公道正派、实事求是、清正廉洁等价值观，解决好世界观、人生观、价值观这个"总开关"问题。把不忘初心、牢记使命作为加强党的建设的永恒课题和全体党员干部的终身课题，形成长效机制，坚持不懈锤炼党员干部忠诚干净担当的政治品格。此外，还要强化党纪国法教育。引导党员干部树立法治意识和规则意识，带头维护法律尊严和制度权威，筑牢不想腐的思想基础。①

　　当前,反腐败斗争已取得压倒性胜利,一体推进不敢腐、不能腐、不想腐的条件已经具备。要坚持"三不"一体推进、同向发力,持续强化不敢腐的震慑,扎牢不能腐的笼子,增强不想腐的自觉,不断巩固和发展反腐败斗争压倒性胜利,为党在长期执政条件下实现自我净化、自我完善、自我革新、自我提高提供坚强制度保障。

---

① 参见刘刚:《推进不敢腐不能腐不想腐机制建设》,《河南日报》2019年11月20日。

第九章 制度治党，依规治党——扎紧织密管党治党制度笼子

党的十八大以来，以习近平同志为核心的党中央坚持党要管党、全面从严治党，坚持思想建党和制度治党相统一，扎牢制度笼子，强化制度执行，取得显著成效。制度治党、依规治党融治理思想于党的建设，展现了我们党全面从严治党的创新实践，是党中央对执政党建设规律认识的进一步深化。全面从严治党永远在路上，制度建设也需要在实践中不断推进。我们要在实践中进一步扎紧织密管党治党制度笼子，推进党内法规的体系化建设，不断激发制度治党、依规治党的强大力量。

一、把制度建设贯穿党的各项建设之中

党的十九大报告提出，中国特色社会主义进入了新时代，这对党的建设提出了新要求，其中之一就是要"全面推进党的政治建设、思想建设、组织建设、作风建设、纪律建设，把制度建设贯穿其中，深入推进反腐败斗争，不断提高党的建设质量"。在新时代党的各项建设中，必须不断强化制度建设，这关系着党的各项建设的质量及长远发展。

（一）把制度建设贯穿各项建设之中，是对党的建设理论的丰富和发展

高度重视制度建设，是我们党管党治党建设党的一贯做法。党的一大就讨论了党的组织原则和组织机构问题，通过了中国共产党第一个纲领和中国共产党第一个决议，成为党的制度建设的起点。百年来，我们党在实践中不断总结经验，制定和逐步完善了党的章程，确立了党的领导、活动、纪律、监督等一系列制度。党的十七大报告首次提出包括制度建设在内的党的"五大建设"，党的十八大将"五大建设"写入党章并强调把制度建设摆在突出位置，党的十九大把制度建设单列出来，要求贯穿党的各项建设之中，明确各项建设都必须紧密结合制度建设进行和展开，都必须落实到具体制度建设上。如果说理想信念教育好比补足精神上的钙，是管思想、管灵魂，那么制度建设就如同通经络、养血脉，通过把制度建设贯穿党的各项建设之中，以有效衔接、相互配合的制度体系保障党的各项建设系统发力、共同作用，从而有效增强党的建设系统性、实效性。这体现了以习近平同志为核心的党中央对管党治党规律的深刻把握，为进一步提高管党治党科学化水平指明了方向。[①]

（二）把制度建设贯穿各项建设之中，保障党的建设顺利推进

强化制度建设是应对党的各项建设问题和挑战的需要。当前，党的政治建设、思想建设、组织建设、作风建设、纪律建设均取得了不俗的成就，但也存在着一系列问题和挑战，这迫切需要借助制度的力量来保障党的各项建设顺利推进。

党的政治建设需要制度保障。政治建设是党的根本性建设，决定

[①] 参见黄武：《把制度建设贯穿其中》，《中国纪检监察》2017年第24期。

着党的建设的方向。对马克思主义政党来说，必须旗帜鲜明地讲政治，中国共产党同样应如此。当前，党的政治建设状况总体而言是好的，但也面临着一些必须解决的问题。例如，部分党员干部政治立场不坚定，在重大原则问题和大是大非面前态度暧昧。有的党员干部政治纪律和政治规矩意识淡薄，妄议中央大政方针，个别的甚至对中央方针政策和重大决策部署阳奉阴违。某些领导干部热衷于搞政治阴谋活动，信奉所谓的"圈子文化"，喜欢拉帮结派，把自己管辖的地方、部门当成自己的"独立王国"。[①] 要有效应对政治建设中的各种问题和挑战，必须加强制度建设。只有借助制度的力量，才能有效解决各种问题和挑战，消除各种杂音，排除各种干扰，从而推动党的政治建设顺利推进。

党的思想建设需要制度保障。思想建设是党的基础性建设，决定着党的建设的性质。当前，党的思想建设状态总体而言是好的，但也面临着一些必须解决的问题。现实中，部分党员干部理想信念不坚定，有的对社会主义的发展和前途命运丧失信心，对共产主义心存怀疑，认为那是虚无缥缈、难以企及的幻想。有的党员干部出现信仰危机，对马克思主义的信念不坚定，甚至不信马列信鬼神，从封建迷信中寻找精神寄托，热衷于算命看相、烧香拜佛。思想出问题乃至理想信念动摇，导致一些党员干部无法抵御各种腐朽思想的侵袭，从而在政治上变质、经济上贪婪、生活上腐化。要有效应对思想建设中的各种问题和挑战，必须加强制度建设。只有借助制度的力量，才能增强广大党员干部的党性修养，解决好世界观、人生观和价值观这个"总开关"问题，进一步坚定理想信念，从而推动党的思想建设顺利推进。

---

① 参见宫玉涛：《新时代党的各项建设中强化制度建设的思考》，《理论与改革》2019年第3期。

第九章 制度治党，依规治党——扎紧织密管党治党制度笼子

党的组织建设需要制度保障。在党的建设中，组织建设具有特别重要的作用。因为党要巩固自己的执政地位，不仅要依靠它的理论、纲领和路线的正确，还要依靠它的组织的巩固。当前，党的组织建设状况总体而言是好的，但也面临着一系列问题。例如，一些地方和部门，贯彻执行民主集中制不力，存在着发扬民主不够、正确集中不够、开展批评不够、严肃纪律不够等问题，家长制、一言堂的现象和议而不决、决而不行的现象还经常出现。有的领导干部个人主义、本位主义思想严重，只讲民主不讲集中。有的领导干部特别是一把手则只讲集中不讲民主，独断专行。一些基层党组织存在弱化、虚化、边缘化等问题，对党员干部疏于管理甚至不管不顾，缺乏严肃认真的组织生活。要有效应对组织建设中的各种问题和挑战，必须加强制度建设。只有借助制度的力量，才能使民主集中制在各级组织中正常运行，有效克服基层党组织弱化、虚化、边缘化等问题，增强广大党员和领导干部的组织观念和组织纪律性，从而推动党的组织建设顺利推进。

党的作风建设需要制度保障。党的作风关系党的形象，关系人心向背，关系党的生死存亡和国家前途命运。党的十八大以来，以习近平同志为核心的党中央始终把加强作风建设摆在突出位置，坚持抓早抓小，有力推动作风建设取得显著成绩。但作风问题具有顽固性、反复性，必须常抓不懈。在党员干部的作风问题中，"四风"问题最为典型。"四风"问题是广大人民群众长期以来深恶痛绝、反映最强烈的问题，党内存在的很多问题都与"四风"有关，或者说是"四风"问题衍生出来的。作风建设中存在的各种问题和挑战严重制约着党同人民群众的关系，事实上是在不断削弱党的执政基础。有效应对作风建设中的各种问题和挑战，必须加强制度建设。只有借助制度的力量，才能不断提高党在广大人民群众中的形象，夯实党长期执政的民

意基础,从而推动党的作风建设顺利推进。

　　党的纪律建设需要制度保障。加强纪律建设是全面从严治党的治本之策。党要管党、从严治党,靠什么管,凭什么治?就是要靠严明的纪律。我们党是用革命理想和铁的纪律组织起来的马克思主义政党,组织严密、纪律严明是党的优良传统和政治优势,也是我们的力量所在。当前,党的纪律建设状况总体而言是好的,但也存在着一些不容忽视的问题。有的党组织、党员、领导干部不同程度地存在着纪律意识淡薄、纪律遵守松懈、纪律执行软弱、纪律监督缺失、纪律责任虚化、纪律修养不足等问题,制约着党的凝聚力和战斗力、领导能力和执政能力。要有效应对纪律建设中的各种问题和挑战,必须加强制度建设。只有借助制度的力量,才能始终保持铁的纪律,让党的纪律始终成为任何人都不敢触碰的"带电高压线",从而推动党的纪律建设顺利推进,为党的发展提供纪律保障。

　　党的建设新的伟大工程是一项长期性工程,不可能一蹴而就,党的各项建设的经验成果,最终都要靠制度来巩固和深化。如果不把好的经验做法固定下来,不立下长期遵循的规矩,很可能出现"抓一抓就紧、放一放就松",甚至半途而废的情形。在推进党的各项建设过程中,既要坚持实践探索在前、总结提炼在后,及时把好的经验做法上升为制度规定,把管党治党规律体现在其中,更要狠抓制度执行,防止制度成为"稻草人"。只有把尊崇党章、依规治党落实在党的建设各个方面,才能不断提高党的建设质量,把党建设得更加坚强有力。

二、制度治党,全面从严治党的治本之举

　　党的十八大以来,以习近平同志为核心的党中央开启全面从严治

党的新征程，谱写并继续书写着中国共产党建设史上璀璨夺目的新时代党建华章。制度治党是党的十九大提出的新时代党的建设总要求的基本内容，是全面从严治党的治本之举，必须在加强党的自身建设的实践中认真贯彻落实。

（一）制度建设是全面从严治党的根本

能够自觉地做到从严治党，这是我们党在长期的发展进程中形成的鲜明品格。党的十八大以来，习近平总书记站在新的历史高度，把我们党长期坚持的从严治党的思想提高到了一个新水平，提出要全面从严治党。全面从严治党是"四个全面"战略布局的基本内容，也是新时代党的建设的根本方针。从历史上看，在党的建设中，已经存在较严格的制度，且制度得到较好执行的领域问题也相对较少。反之，一些缺乏制度或制度执行不严的领域则往往问题较多。我们党曾提出过各种"要求"和"规定"来约束党员的不当行为，但并不是每一项"要求"和"规定"都得到了很好的贯彻落实。事实上，不少"要求"和"规定"在贯彻落实过程中走形、变样，无法发挥应有的作用，这归根到底是因为缺乏强有力的约束。事实证明，若有严格的制度来约束，各项要求规定也会得到较好的遵循，中央八项规定的出台及其效果很好地说明了这一点。在全面从严治党进程中，必须始终高度重视党的制度建设，打造好制度防线，这是全面从严治党的根本之策，关系到全面从严治党的实际效果，关系到全面从严治党能否真正地落到实处。[①] 只有建立系统的制度体系，并坚决执行制度，才能既使从严治党做到"全面"，又真正地做到"从严"治党，确保党在坚持和发展中国特色社会主义的历史进程中始终成为坚强领导核心。

---

① 参见宫玉涛：《新时代党的各项建设中强化制度建设的思考》，《理论与改革》2019年第3期。

（二）制度治党，就要用制度管权管事管人

用制度管权。党的十九大明确指出："要加强对权力运行的制约和监督，让人民监督权力，让权力在阳光下运行，把权力关进制度的笼子。"把权力关进制度的笼子里，用形象的语言表达了构建科学有效的权力运行体系、规范权力运行、有效防治腐败等丰富的内涵，为全面提高党的建设科学化、制度化建设指明了方向。只要公权力存在，就必须有制约和监督。党的十九届四中全会《决定》指出："完善权力配置和运行制约机制。坚持权责法定，健全分事行权、分岗设权、分级授权、定期轮岗制度，明晰权力边界，规范工作流程，强化权力制约。坚持权责透明，推动用权公开，完善党务、政务、司法和各领域办事公开制度，建立权力运行可查询、可追溯的反馈机制。坚持权责统一，盯紧权力运行各个环节，完善发现问题、纠正偏差、精准问责有效机制，压减权力设租寻租空间。"

用制度管事。用制度管权，一个重要的方面，是通过用制度管事来实现的。党的十八大以来，我们在加强用制度管权的过程中，强化自上而下的组织监督，改进自下而上的民主监督，发挥同级相互监督作用，加强对各级领导班子和党员干部的日常管理制度。与此同时，深化政治巡视，建立巡视巡察上下联动的监督网；改革审计管理体制，完善统计体系。从决策、执行到考核、考评，用制度管事的格局基本形成。

用制度管人。用制度管权管事，都会落实到用制度管人上。管人，包括选人用人。改革开放以来，我们在选人用人制度和方法改革问题上进行了长期的探索。党的十八大以来，党中央根据选人用人上存在的新情况，大力解决唯票、唯分、唯生产总值、唯年龄的"四唯"问题，深入进行精准科学选人用人的实践。实践证明，精准科学

选人用人的探索是成功的，但用制度管人是一项长期的探索，需要我们不断从变化了的实践出发进行新的探索。①

（三）坚持制度治党的关键在于强化制度的执行力

从历史和现实的经验教训来看，能否抓好制度的执行至关重要。对党的各项建设来说，建立健全制度很重要，但更重要的是抓好执行，否则党的各项建设的制度化也会流于形式，使得制度不仅无法发挥应有的作用，反而会损害制度的公信力，甚至成为党的各项建设正常发展的制约因素。因此，把制度贯穿到党的各项建设中，要狠抓制度执行，扎牢制度篱笆，真正让铁规发力、让禁令生威。提高制度的执行力，要加强对制度的学习，使广大党员干部深入了解党的规章制度；建立健全制度执行监督机制，对制度执行情况进行调研与评估，开展督促检查；建立健全责任追究机制，对执行制度不力的要严肃问责，对违反制度的要一视同仁、严肃查处，让制度成为"带电的高压线"。

强化制度执行力，要抓住领导干部这个"关键少数"。"政者，正也。子帅以正，孰敢不正。"越是领导干部，越是主要领导干部，越要自觉维护制度的严肃性和权威性。执行制度必须抓住领导干部这个"关键少数"。领导干部要带头执行制度，维护制度权威，要求别人、下级做到的，自己首先做到，严格按制度办事，按制度行使权力，不做选择、不搞变通、不打折扣。要带头捍卫制度，坚持原则、敢抓敢管，坚决同违反制度、破坏制度的行为作斗争，在涉及制度层面的大是大非问题上，旗帜鲜明、立场坚定、毫不含糊。

---

① 参见李君如：《推进依规管党治党》，《中国组织人事报》2019年10月16日。

三、推进党内法规的体系化建设

党的十九大报告强调,我们党要"增强依法执政本领,加快形成覆盖党的领导和党的建设各方面的党内法规制度体系,加强和改善对国家政权机关的领导"。加强党内法规建设,不断完善党内法规体系,既是全面从严治党、依规治党的必然要求,也是全面推进依法治国的应有之义,事关党长期执政和国家长治久安。

(一)党的十八大以来党内法规制度建设取得明显成绩

2014年10月23日,党的十八届四中全会审议通过的《中共中央关于全面推进依法治国若干重大问题的决定》,明确提出一个重大战略性目标,即"形成完善的党内法规体系"。这既在法治领域具有里程碑价值,又在党建领域具有标志性意义,成为新时代加强和改进党的建设的重要抓手。

回顾党的十八大以来党内法规制度建设的历程,习近平总书记始终高度重视这项重大战略任务,作出了一系列重要指示批示,强调要坚持正确政治方向,坚持以党章为根本遵循,确保全党坚定维护党中央权威和集中统一领导;要扭住提高党内法规制定质量这个关键,该补的基础主干法规要补上;要把制度规范体系凸显出来,抓紧构建系统完备、科学规范、运行有效的制度体系;各级党组织和党员领导干部要把执规责任扛起来,要把执行体系凸显出来,不能只重制定不重执行。围绕加强党内法规制度建设,党的十八大以来党中央先后制定了《中央党内法规制定工作五年规划纲要(2013—2017年)》和《中央党内法规制定工作第二个五年规划(2018—2022年)》,对党内法规制度建设进行顶层设计。同时,为提高党内法规制定质量,党中央近年来制定或修订了《中国共产党党内法规制定条例》《中国共产党党内法规和规范性文件备案审查规定》《中国共产党党内法规执行责任制规定（试行）》《中共中央关于加强党内法规制度建设的意见》《中共中央办公厅关于开展党内法规和规范性文件清理工作的意见》《中国共产党党内法规解释工作规定》等法规文件，对党内法规工作进行了全链条的制度规范，有力推进新时代党内法规制度建设。此外，备案审查工作、法规清理工作以及健全党内法规工作机构，也都全面开展。①

几年来，在党中央的高度重视下，党内法规制度体系建设取得重大进展和显著成效，先后制定和修订了180多部党内法规，出台了一批标志性、关键性、基础性法规制度，党内法规制度体系的框架基本形成，进一步夯实了全面从严治党的制度基础。

（二）进一步推进党内法规制度体系建设

《关于加强党内法规制度建设的意见》指出，到建党100周年时，形成比较完善的党内法规制度体系、高效的党内法规制度实施体系、有力的党内法规制度建设保障体系，党依据党内法规管党治党的能力和水平显著提高。这就要求进一步加大党内法规制度建设力度，如期形成比较完善的党内法规制度体系。

一是坚持以党章为根本遵循。党章是党的根本大法，是管党治党的总章程，是规范和制约全党行为的总章程。全面从严治党的根本依据是党章，党章是制定其他党内法规的基础和依据，所有其他党内法规都是党章的延伸，必须服从和从属于党章。党的十八届六中全会审议通过的《关于新形势下党内政治生活的若干准则》和《中国共产党党内监督条例》，就是把党章关于党内政治生活和党内监督的要求具

---

① 参见唐璨：《切实推进新时代党内法规制度建设》，《党建》2019年第11期。

体化，推动党内政治生活和党内监督制度化、规范化、程序化。推进党内法规制度体系建设，必须牢固树立政治意识、大局意识、核心意识、看齐意识，坚持正确政治方向，始终高举党章、尊崇党章，坚决维护以习近平同志为核心的党中央权威和集中统一领导，确保党的领导更加坚强、党的执政地位更加巩固。

二是坚持继承与创新相结合。推进党内法规制度体系建设，既要坚持过去行之有效的制度和规定，又要结合新的时代特点，不断与时俱进，拿出新的办法和规定。一方面，要认真总结党在管党治党实践中的经验教训，继承和发扬党在长期实践中形成的制度规定和优良传统，不搞推倒重来、另起炉灶。另一方面，必须深入贯彻习近平新时代中国特色社会主义思想，反映党中央推进全面从严治党的新经验新举措，在理论创新、实践创新基础上实现制度创新，形成全面从严治党新的制度安排，大力推进党的工作理念、思路和方法创新，把新发展理念贯彻落实到党内法规工作中去，把握规律性，体现时代性，注重创新性。

三是坚持探索在前、总结在后。推进党内法规制度体系建设，必须遵循探索在前、实践在先，看看哪些做法可以上升为制度规定，以党内法规的形式固化下来；哪些制度经过实践检验是好的，必须长期坚持；哪些制度不适应实践需要，要结合新的情况继续完善。要鼓励基层试点，对于一些暂不适宜全面施行的重大制度设计，可以授权一些地方开展试点，及时总结经验，为全党全国提供可复制、可推广的制度成果。这也是党内法规制度建设的一条重要历史经验，是党内法规制定和实施遵循群众路线方法的体现。

四是坚持立改废释并举。构建完善的党内法规制度体系是一个系统工程，需要协同推进立改废释工作，坚持科学立规、民主立规、依法立规，着力提高党内法规质量。要统筹"立"规，按照轻重缓急进行分类梳理，确定重点制定项目，增强立规工作的系统性和前瞻性。要及时"改"规，根据党的建设实践的发展变化，及时修改完善那些不适应全面从严治党新形势新要求的法规制度，对相关联的党内法规制度探索开展一揽子修订，使已有的法规制度焕发新的生机活力。要适时"废"规，建立健全法规制度退出机制，通过集中清理、即时清理、专项清理，废止已经滞后于时代、不再具有现实规范意义的党内法规制度，避免"超期服役"。要积极"释"规，按照《中国共产党党内法规解释工作规定》要求，加大解释力度，明确条文含义，推动法规制度精准实施。①

改革开放40多年来，我们党总结党的建设成功经验和深刻教训，不断完善党章党规，加强党内法规制度体系建设。特别是党的十八大以来，以习近平同志为核心的党中央把管党治党作为治国理政的先手棋，提出坚持依规治党，举全党之力、集全党之智，立体式全方位推进党内法规制度体系建设，取得历史性成就。在新时代，我们必须坚持以习近平新时代中国特色社会主义思想为指导，贯彻落实新时代党的建设总要求，坚持依法治国和依规治党有机统一，坚持思想建党和制度治党同向发力，以改革创新精神加快补齐党内法规制度短板，使党的各方面制度更加成熟、更加定型。

---

① 参见《以改革创新精神加快补齐党建方面的法规制度短板》，《求是》2017年第3期。

第十章 提高本领能力——既要政治过硬，也要本领高强

党的干部是党和国家事业的中坚力量，各级干部既要政治过硬，也要本领高强。要认真学习和深刻领会习近平新时代中国特色社会主义思想所秉持的马克思主义思想方法和工作方法，着力增强习近平总书记在党的十九大报告中提出的八项本领和在2020年秋季学期中央党校（国家行政学院）中青年干部培训班开班式上的重要讲话中提出的七种能力，勇于直面问题，想干事、能干事、干成事，不断解决问题、破解难题，真正成为干事创业的行家里手。

一、掌握马克思主义思想方法和工作方法

马克思主义思想方法是指用马克思主义哲学世界观指导人们观察认识世界的思维方式，也就是解决"怎么看""是什么"的问题；马克思主义工作方法主要是指运用马克思主义哲学方法论指导人们分析改造世界的工具手段，也就是解决"怎么干""干什么"的问题。马克思主义思想方法和工作方法是有机统一、不可分割的。

开辟新时代、开启新征程、开创新局面，必须认真学习和深刻领会习近平新时代中国特色社会主义思想所秉持的马克思主义思想方法和工作方法，认识和解决新时代中国特色社会主义的一系列重大理论

和实践问题,认识和解决我们面临的纷繁复杂的实际工作问题,不断增强马克思主义哲学智慧,切实提升分析解决实际问题的思想水平和工作能力。

(一)坚持实事求是,一切从实际出发

中国共产党是以马克思主义理论武装的先进政党,中国共产党从成立起就本着实事求是的精神不断探索客观规律。延安时期毛泽东同志作了《改造我们的学习》的报告,第一次对"实事求是"作了科学解释:"实事"就是客观存在着的一切事物,"是"就是客观事物的内部联系,即规律性,"求"就是我们去研究。毛泽东同志用马克思主义认识论将"实事求是"这一经典词汇加以改造,贯穿到党的思想建设过程中,使其成为党的思想路线。正如邓小平同志所指出的,马克思、恩格斯创立了辩证唯物主义和历史唯物主义的思想路线,毛泽东同志用中国语言概括为"实事求是"四个大字。毛泽东同志正是以实事求是为武器,破除了教条主义倾向,克服了对外国经验的迷信,解决了中国革命的理论和实践问题。

我们党是靠实事求是起家和兴旺发展起来的。正如邓小平同志指出的:"过去我们搞革命所取得的一切胜利,是靠实事求是;现在我们要实现四个现代化,同样要靠实事求是。"[①] 实事求是作为党的思想路线,它始终是马克思主义中国化理论成果的精髓和灵魂,即是毛泽东思想的精髓和灵魂,是包括邓小平理论、"三个代表"重要思想、科学发展观、习近平新时代中国特色社会主义思想在内的中国特色社会主义理论体系的精髓和灵魂;它始终是中国共产党人认识世界和改造世界的根本要求,是我们党的基本思想方法、工作方法和领导方

[①] 《邓小平文选》第二卷,人民出版社1994年版,第143页。

法，是党带领人民推动中国革命、建设、改革事业不断取得胜利的重要法宝。

　　坚持实事求是的思想路线最要紧的就是始终坚持一切从客观实际出发，坚决反对主观主义和本本主义。习近平总书记指出，"本本是对实际事物研究、抽象的结果，不能成为研究问题和作决策的出发点，出发点只能是客观实际"。

　　坚持从实际出发，最要紧的就是坚持党在社会主义初级阶段的基本路线。我国处于并将长期处于社会主义初级阶段。坚持实事求是就要把社会主义初级阶段作为建设中国特色社会主义的总依据，做一切决策都坚持从这个当代中国最大的实际出发。领导干部要了解实际、掌握实情，最重要的是要清醒认识和准确把握我国社会主义初级阶段的基本国情。我们现在的基本国情，主要是人口多，底子薄，发展很不平衡。习近平总书记多次强调，我国仍处于并将长期处于社会主义初级阶段。在新的历史条件下，中国共产党人认识当下、规划未来、制定政策、推进事业，都要把社会主义初级阶段作为客观基点。但是，这并不是说，客观实际是凝固的、僵化的。习近平总书记指出，客观实际不是一成不变的，而是不断发展变化的。这就为主观世界更好认识客观实际、更好指导客观实际指明了方向。

　　坚持从实际出发，最核心的就是要紧紧抓住重要战略机遇期加快经济社会发展。与社会主义初级阶段相比起来，重要战略机遇期时间跨度相对短一些。这也是中国共产党人当前面临的重要实际，从实际出发就必须正确认识和把握好这个实际。领导干部要科学判断和全面把握国际形势的发展变化趋势，正确应对世界多极化和经济全球化以及科技进步的发展趋势，抓住和用好重要战略机遇期，在日益激烈的综合国力竞争中牢牢掌握加快我国发展的主动权。①

(二) 切实提升辩证思维能力

辩证思维指的是人们自觉运用唯物辩证法分析问题和解决问题的科学思维方式,是马克思主义哲学的根本方法。领导干部的辩证思维能力既不是天生就有的,也不是后天自然形成的,必须通过认真学习和深入实践才能逐步形成。

提高辩证思维能力,要加强理论学习。辩证思维能力的理论基础就是马克思主义的唯物辩证法。学好马克思主义理论尤其是唯物辩证法的基本原理和方法,是提高领导干部辩证思维能力的重要途径。现在的领导干部不少人受过专业训练,不缺乏专门知识,但其中的很多人不懂哲学,不善于辩证思考,很需要在思想方法和工作方法上提高一步。建议大家在学习原著的时候,读一些马克思主义哲学基本著作,掌握科学的世界观和方法论,不断增强工作的原则性、系统性、预见性、创造性。只有学习并掌握马克思主义唯物辩证法的基本原理和方法,才能学会自觉运用马克思主义立场、观点、方法来观察问题、分析问题和解决问题。

提高辩证思维能力,要注重实践锻炼。社会实践是提高领导干部辩证思维能力的大课堂,也是锻炼和检验领导干部辩证思维能力的现实路径。提高广大干部的辩证思维能力,只有通过社会实践才能真正实现,正如当年毛泽东同志所说的那样,你要有知识,你就得参加变革现实的实践;你要知道梨子的滋味,你就得变革梨子,亲口吃一吃。一切真知都是从直接经验发源的,离开实践的认识是不可能的。通过理论学习虽然可以提高辩证思维能力,但真正使这种能力得到巩

---

① 参见郭鲁江:《一切从实际出发是习近平关于干部学习问题重要思想的唯物论底蕴》,共产党员网 2017 年 12 月 6 日。

固和提高，还必须靠在实践中艰苦锻炼甚至长期磨炼才能实现。

提高辩证思维能力，要在德和才两方面下功夫。辩证思维能力既反映了领导干部的理论素养，也反映了领导干部的人格魅力。也可以说是德才在思维方法、工作方法上的具体表现。为此，提高辩证思维能力，既要在德的方面下功夫，也要在才的方面努力。具体应正确处理好三个关系：一是敢于担当与善于担当的关系。担当是党员干部必备的基本素质。这就要求领导干部有对全局和局部的辩证考虑，善于发现问题，分析矛盾，解决问题。只有把敢于担当与善于担当结合起来，做到既坚持原则、较真碰硬，又能克难攻坚、善作善成。二是高调做事与低调做人的关系。高调做事，要求坚决破除"无过即为功""一团和气"的习气，雷厉风行，敢做善为。低调做人，就是踏踏实实、埋头苦干，摒弃个人主义、享乐主义。对领导干部来说，低调做人与高调做事二者缺一不可。如果不知道如何做人，即使再有才华，也可能迷失方向、走错道路。如果不知道如何做事，那就是在其位不谋其政。三是政令畅通与联系实际的关系。没有规矩，不成方圆。确保政令畅通是巩固党执政地位的关键问题。[①] 要严格执行党的纪律和规矩，坚决同以习近平同志为核心的党中央保持高度一致，确保中央政令畅通。同时，因地制宜，求真务实，不唯书唯上，既要保证上级党委政府政令畅通，又能立足实际创造性开展工作。

习近平总书记强调："我们的事业越是向纵深发展，就越要不断增强辩证思维能力。"[②] 当前，国内外形势正在发生深刻复杂变化，我国发展仍处于重要战略机遇期，前景十分光明，挑战也十分严峻。这就更加要求我们学习掌握唯物辩证法的根本方法，不断增强辩证思维

---

① 参见《提高领导干部辩证思维能力》，《学习时报》2014年6月16日。
② 《习近平关于协调推进"四个全面"战略布局论述摘编》，中央文献出版社2015年版，第87页。

能力，提高驾驭复杂局面、处理复杂问题的本领，勇于战胜前进路上的各种艰难险阻，牢牢把握工作主动权，奋力夺取新时代中国特色社会主义伟大胜利。

（三）谋全局、顾长远，提高战略思维能力

战略思维，是指从全局视角和长远眼光把握事物发展总体趋势和方向、客观辩证地思考和处理问题的科学思维。习近平总书记多次强调，要提高战略思维能力。领导干部只有坚持战略思维，不断提高战略思维能力，才能谋全局、顾长远、把握大势、着眼大事，才能因势而谋、应势而动、顺势而为，才能增强工作的原则性、系统性、预见性、创造性。

提升战略思维能力，要注重强化理论武装。马克思主义哲学是战略运筹的根本指南，战略思维是马克思主义哲学的运用发挥。强化理论武装，首先就要学好马克思主义哲学，掌握科学严谨的哲学方法。加强对辩证唯物主义和历史唯物主义的学习领会，深刻领悟党的创新理论蕴含的马克思主义世界观、方法论，提高运用马克思主义基本原理分析问题、处理问题的能力。强化理论武装，应坚持读原著、学原文、悟原理，坚持系统学、深入学、跟进学，坚持学而信、学而思、学而行，全面领会贯穿其中的马克思主义立场、观点、方法，深刻认识和准确把握共产党执政规律、社会主义建设规律、人类社会发展规律，不断提高马克思主义理论水平，保持理论上的清醒和政治上的坚定。强化理论武装，应深入学习领会马克思列宁主义、毛泽东思想、邓小平理论、"三个代表"重要思想、科学发展观，深入学习领会习近平新时代中国特色社会主义思想，坚定对马克思主义的信仰，坚定对社会主义和共产主义的信念，掌握观察、分析、解决问题的立场、观点、方法，把握现象与本质、特殊与普遍、局部与整体、当前与长

远的关系，为深刻认识、科学分析、有效解决中国特色社会主义事业中的重大问题，提供坚强有力的思想武器。

提升战略思维能力，要注重强化大局观念。着眼大局、把握大局、服务大局，是党在长期革命、建设和改革实践中形成的优良传统，识大体、顾大局也是领导干部的基本素养。领导干部要忠诚于党的事业，始终把党放在心头，积极投身于党的事业全局。要服从于党的指挥，严格做到"四个服从"，一切工作坚持从大局出发，认真落实党中央作出的"五位一体"总体布局和"四个全面"战略布局，切实做到政令畅通、令行禁止。我们观察问题、处理工作时，绝不能只埋头于具体事务，而应善于围绕大局筹划部署工作，学会从大局出发，以大局着眼，自觉地把各项工作融入大局之中来思考、谋划和部署。

提升战略思维能力，要注重强化思维的前瞻性、预见性。战略是实现长远利益和未来目标的谋划。战略思维指向未来，要求准确预测未来可能出现的趋势、状态和结果。强化思维的前瞻性，提升战略思维能力，要求领导干部有超前意识，要在科学把握现实国情、社情和本地区本部门工作实际的基础上，面向未来，对事业发展趋势走向作出清晰判断和科学预见。坚持用科学的立场、观点、方法，从战略层面观察和判断形势，把握事物发展的总体趋势和根本方向，应时而为，顺势发展，趁势而上。善于见微知著，由小见大，由近见远，由特殊见一般，从稍纵即逝的、细微的迹象和苗头上，及时发现问题，深入分析问题；同时善于在宏观上把握趋势、把握方向，在微观上抓住重点、抓住关键，把握好各种因素之间的内在联系，超前谋划，趋利避害，赢得主动。

提升战略思维能力，要注重提高创新能力。事物总是不断发展的。在发展过程中，战略环境和战略主体都在发生变化。其中，有量变也有质变，有渐变也有突变。战略思维要求不能囿于传统、教条的局限，必须大胆创新，从而适应不断变化的环境和形势。如果原来的战略规划或方案已经不适应变化了的战略环境，则必须进行调整。战略思维能力最终要落实到创新能力上，勇于走前人没有走过的路，善于做他人没有做到的事。

（四）坚持和运用系统思维

系统思维，就是从系统与要素、要素与要素以及系统与环境的相互联系、关系结构、相互作用中去把握事物、思考问题，以处理好整体与部分、结构与功能的关系。系统思维是原则性与灵活性有机结合的基本思维方式。只有系统思维，才能抓住整体，抓住要害，才能不失原则地采取灵活有效的方法处置事务。全面深化改革作为一项复杂的系统工程，要求我们加强顶层设计和整体谋划，加强各项改革关联性、系统性、可行性研究，因此，领导干部在推进改革和发展的工作中坚持和运用系统思维，尤为重要。

习近平总书记特别强调全面深化改革必须具有系统思维："我国改革已经进入攻坚期和深水区，进一步深化改革，必须更加注重改革的系统性、整体性、协同性，统筹推进重要领域和关键环节改革。"[①]"我们要统筹谋划深化改革各个方面、各个层次、各个要素，注重推动各项改革相互促进、良性互动、协同配合。要坚持整体推进，加强不同时期、不同方面改革配套和衔接，注重改革措施整体效果，防止畸重畸轻、单兵突进、顾此失彼。"[②] 全面深化改革还需要我们具备结构思维。结构思维就是注重事物的构成要素及其之间的关系、顺序、比例，它要求通过优化事物的结构来发挥事物的整体功能。事物的整

[①] 《习近平关于全面深化改革论述摘编》，中央文献出版社2014年版，第30页。
[②] 《习近平关于全面深化改革论述摘编》，中央文献出版社2014年版，第44页。

体功能取决于事物各要素之间的结构。既可以为了实现某种功能而调整事物的结构，也可以通过调整事物的结构而改变其功能。我国的全面深化改革实质上就是结构性改革，包括经济结构、政治结构、文化结构、社会结构，以及政治、经济、社会之间的结构等。

　　对于当代中国改革发展而言，坚持和运用系统思维及结构思维要求领导干部从三个方面做起：首先，要有全局意识、协同意识，要注重改革措施整体效果，聚合各项改革协调推进的正能量。对涉及面广的改革，应在基本确定主要改革举措的基础上，深入研究各领域改革的关联性和各项改革举措的耦合性，同时推进配套改革，使各项改革举措在政策取向上相互配合、实施过程中相互促进、实际成效上相得益彰。其次，抓工作要注意区分层次、分类指导。既要有顶层设计和总体目标，也要有具体的任务分解，做到"立治有体、施治有序"，避免零敲碎打、碎片化修补。不少领导干部习惯于头疼医头、脚疼医脚，工作缺乏整体筹划，整天打乱仗，不仅个人苦不堪言，而且工作效率低下。最后，推进工作，要把握好力度与节奏，既要有雷厉风行的作风，也要有闲庭信步的定力。应加强不同时期改革的配套和衔接，防止畸重畸轻、单兵突进、顾此失彼。该中央统一安排的地方不能抢跑，该尽早推进的不能拖延，该试点的不能急于在面上推开，该先得到法律授权的不能超前推进，不能以既成事实绑架中央和法律，避免各行其是、相互掣肘。

（五）善于运用底线思维的方法

　　所谓底线，就是不可逾越的界限，是事物发生质变的临界点。一旦突破这个界限，就会产生不可估量的危害、导致难以承受的后果。所谓底线思维，就是以底线为基本导向，调控事物朝着预定目标发展的一种思维方法，体现了马克思主义唯物辩证法中主观能动性与客观

第十章 提高本领能力——既要政治过硬，也要本领高强

规律性的关系、质变与量变的原理，是"有守"和"有为"的有机结合。党的十八大以来，习近平总书记多次强调底线思维，指出领导干部要善于运用底线思维方法，凡事从坏处准备，努力争取最好的结果。我们应深入学习和熟练掌握这一科学的方法论，自觉把底线思维贯穿于各项工作中，牢牢把握工作的主动权。

对于领导干部来说，作一项决策，抓一项工作，首先要搞清楚底线在哪里、风险在哪里，哪些事情可以做、哪些事情不能做，哪些问题是正常的、哪些问题不能出，最坏的情况是什么、最好的结果是什么，这样才能从容应对、掌握主动。

找准底线，要求领导干部既要有分析、研判复杂形势的能力，也要有实事求是、求真务实的作风。只有做大量调查研究，把真实情况摸清楚、弄明白，经过思考、分析、综合，才能对形势作出精准判断，找到必须坚守的底线。在现实生活和日常工作中，有的领导干部之所以会做出突破底线的事，并非有意为之，而是不知道底线在哪里、边界在哪里。要么是能力不足，对形势把握不准，对问题认识不清，对风险评估不够，没有处理好亮点、成绩与安全阀、保险杠的关系；要么是作风不实，不深入基层和群众，不了解实际情况，不尊重客观规律，凭主观臆断作决策、瞎指挥。这就要求领导干部在明确底线的过程中，不能有半点形式主义、官僚主义，必须要下一番苦功夫、硬功夫、实功夫。

对于领导干部来说，找准底线固然重要，但更重要的是守住底线。一些重大问题的底线如果受到威胁，没有守住，后果不堪设想。对一个地方而言，科学发展的底线、改革开放的底线、维权维稳的底线、民生保障的底线、脱贫攻坚的底线、食品安全的底线、生态环境的底线等，条条底线都很重要，都要守住、守牢、守好。

对一个领导干部而言，还要特别守住为官从政的底线，使自己的

行为始终在党纪国法的边界之内。尤其是要坚决守住政治底线，对党绝对忠诚；守住法治底线，依法执政、依法行政；守住廉洁底线，干干净净、清清白白，努力使自己的内心操守、思考问题的方式、为人处世的态度、履行公职行为，同党纪国法完全一致、融为一体，真正达到"从心所欲不逾矩"的境界。

（六）用好用活调查研究这个"传家宝"

重视调查研究，是我们党在革命、建设、改革各个历史时期做好领导工作的重要传家宝。在条件极其艰苦危险的革命年代，毛泽东同志曾亲自做过多次深入细致的调查。仅在20世纪二三十年代，他就在农村专门做过十几个系统的调查，为我们党了解当时革命斗争的情况、确立武装割据、农村包围城市、最后夺取全国胜利的正确战略策略提供了丰富、翔实的第一手材料和重要依据。"没有调查，就没有发言权"，就是毛泽东同志当年的著名论断，也是中国共产党人始终坚持的优良工作作风和中国革命、建设、改革事业不断发展进步的重要经验。

党和国家的主要领导同志都高度重视调查研究。20世纪60年代国民经济调整时期，毛泽东同志多次发表重要讲话，号召全党大兴调查研究之风，还建议"1961年，成为一个调查年，大兴调查研究之风"。他亲自组织了三个调查组分赴广东、湖南、浙江三省农村，并直接指导工作；刘少奇同志带领调查组到湖南、黑龙江、内蒙古，在农村公社、大队一住就是十多天；朱德同志在广东、河南、四川等省深入调研40多天。在充分调查研究的基础上，党中央作出决策部署，解决了一系列人民群众迫切需要解决的实际问题，调动了广大干部群众的积极性，为国民经济的顺利恢复和发展奠定了良好的基础。

习近平总书记也是重视调查研究的楷模。从正定、厦门、宁德、福建、浙江、上海直到中央,他始终保持着高频次的调研风格。在全面深化改革的新形势下,习近平总书记进一步指出:"没有调查,就没有发言权,更没有决策权。研究、思考、确定全面深化改革的思路和重大举措,刻舟求剑不行,闭门造车不行,异想天开更不行,必须进行全面深入的调查研究。"①

党和国家领导人日理万机,仍然重视调查研究。党的各级领导干部不论阅历多么丰富,不论从事哪一方面工作,都应始终坚持和不断加强调查研究。调查研究的目的在于"察消长之往来,辨利害于疑似"。共产党人要真正用好调查研究这个"传家宝",努力提高调查研究的水平和成效,从根本上保证党的路线方针政策和各项决策的正确制定与贯彻执行,在工作中尽可能防止和减少失误。

面对新时代、新使命、新要求,我们要大兴调查研究之风,切实推动全党形成崇尚实干、力戒空谈、精准发力的良好作风,确保中央大政方针和决策部署在基层落地生根。

二、全面增强八项本领

领导干部不仅要有担当的宽肩膀,还得有成事的真本领。中央办公厅印发的《关于进一步激励广大干部新时代新担当新作为的意见》中,专门就"着力增强干部适应新时代发展要求的本领能力"提出要求、作出部署。对党员领导干部来说,就是要时刻注重锤炼担当实干的真本领,全面提高学习本领、政治领导本领、改革创新本领、科学发展本领、依法执政本领、群众工作本领、狠抓落实本领、驾驭风险本领。

---

① 《习近平关于全面建成小康社会论述摘编》,中央文献出版社2016年版,第191页。

(一)增强学习本领

一部波澜壮阔的中国当代发展史,其实也是一部中国共产党人不辍学习的奋斗史。我们党历来重视全党特别是领导干部的学习。早在1939年,毛泽东同志在延安干部教育动员大会上就讲过:"我们队伍里边有一种恐慌,不是经济恐慌,也不是政治恐慌,而是本领恐慌!"[①]他把本领问题比喻成"开铺子",如果存货不多,一卖就空空如也,再开就一定要进货了。我们领导干部的"进货",就是学习本领。为了适应建设中国特色社会主义的要求,邓小平同志指出:"在不断出现的新问题面前,我们党总是要学,我们共产党人总是要学,我们中国人民总是要学。谁也不能安于落后,落后就不能生存。"[②]在党的十九大报告中,习近平总书记明确指出:"要增强学习本领,在全党营造善于学习、勇于实践的浓厚氛围,建设马克思主义学习型政党,推动建设学习大国。"

增强学习本领,首先,广大党员干部要认真学习马克思主义理论,特别要认真研读马克思主义中国化最新成果,这是我们做好一切工作的看家本领。要通过坚持不懈地学习,学会运用马克思主义立场、观点、方法观察和解决问题,坚定理想信念,带领人民走对路。其次,要学习党的路线方针政策和国家法律法规。只有把学习重视起来,把党的号令作为行动指南,我们在领导和决策时才能避免陷入少知而迷、不知而盲、无知而乱的困境,从而使自己始终立于不败之地。再次,要涉猎经济、政治、文化、科技、社会等方面的知识,以学益智,以学修身,以学增才。党员干部特别要认真学习党史、国史,知史爱党,知史爱国。只有正确了解党和国家历史上的重大事件

[①] 《毛泽东文集》第二卷,人民出版社1993年版,第178页。
[②] 《邓小平文选》第二卷,人民出版社1994年版,第270页。

和重要人物，才能正确认识党情、国情，对开创未来也会有深刻启示。

学习的目的在于运用和践行。学是用和行的基础、前提，用和行是学的目的、深化。学到的东西，不能停留在书本上，不能只装在脑袋里，而应该落实到行动上，做到知行合一、以知促行、以行求知，正所谓"知者行之始，行者知之成"。社会主义是干出来的，新时代也是干出来的。学习最终要落到行动上，体现在实践中，做到理论与实践相统一。站在新的历史起点上，全党同志要自觉用习近平新时代中国特色社会主义思想这一马克思主义中国化最新成果武装头脑、指导实践、推动工作，在学习中提高认识、拓展视野、增长智慧，在实践中增强本领、解决问题。只有这样，才能把学习成果转化为谋划工作的思路、促进工作的措施、做好工作的本领，真正做到干中学、学中干，知行统一，达到学以致用、用以促学、学用相长、增强本领的目的。

（二）增强政治领导本领

党的十九大报告把政治领导本领作为全面增强执政本领的重要内容之一，明确提出："增强政治领导本领，坚持战略思维、创新思维、辩证思维、法治思维、底线思维，科学制定和坚决执行党的路线方针政策，把党总揽全局、协调各方落到实处。"政治领导本领，就是把握方向、把握大势、把握全局的能力，就是保持政治定力、驾驭政治局面、防范政治风险的能力。对领导干部来说，政治领导本领是最重要的本领。党要发挥总揽全局、协调各方的作用，关键是各级领导干部能够不断增强政治领导本领，不断提高政治定力，提高驾驭政治局面、防范政治风险的能力。

增强政治领导本领，需要坚持战略思维谋全局，善于站在战略制高点上研判形势、谋划未来，牢牢掌握应对复杂的国内外形势的主动权；需要坚持创新思维增活力，善于冲破思想观念的束缚，敢于打破条条框框的限制，勇于挑战陈规陋习的阻力，在创新中寻找解决问题的钥匙；需要坚持辩证思维解忧难，善于运用马克思主义唯物辩证哲学的基本原理分析问题，探索问题的症结，寻找事物的规律，破解发展的难题；需要坚持法治思维图善治，做到知法、懂法、用法，善于用法治思维和法治方式深化改革、推动发展、化解矛盾、维护稳定；需要坚持底线思维守边界，做任何事情、任何时候都要严守纪律高压线，不触法律红线，坚守道德底线。

政治领导本领不可能轻而易举就能够得到，各级领导干部要在长期的社会实践和工作实践中勤于学习，善于学习，壮心不已，努力不已，持之以恒，久久为功，才能够掌握政治领导真本领，不断为人民、为社会有所建树。

（三）增强改革创新本领

党的十九大报告提出："增强改革创新本领，保持锐意进取的精神风貌，善于结合实际创造性推动工作，善于运用互联网技术和信息化手段开展工作。"改革创新是事业发展的动力源泉。只有改革创新，才能为经济社会持续健康发展注入源源不断的动力，才能进一步破除一切不合时宜的思想观念和体制机制障碍，激发全社会的创造力和发展活力。

增强改革创新本领，要善于结合实际创造性推动工作。改革创新不是纸上谈兵，也不是闭门造车，而是要沉下心、扑下身，从躬身实践中获得灵感、求得真经。改革的思路从何而来？创新的举措从何而来？答案要到第一现场、基层一线去寻找。增强改革创新本领，必须紧密结合地方实际、部门实际、行业实际、岗位实际，干中学、学中干，切实把学习的成果转化为推进改革发展的强大动力。要坚持问题导向，紧密联系改革发展中的重大理论与现实问题、干部群众关心的热点难点问题进行深入学习思考，不断提高处理复杂问题、驾驭复杂局面的能力。

增强改革创新本领，要善于运用互联网技术和信息化手段开展工作。当今时代，网络技术飞速发展，互联网在经济、政治、文化和社会生活、社会治理中扮演着日益重要的角色。面对新变化、新要求，广大党员干部要增强改革创新本领，就必须学网、懂网、用网，不断提高对互联网规律的把握能力、对网络舆论的引导能力、对信息化发展的驾驭能力、对网络安全的保障能力。要深刻认识互联网在国家管理和社会治理中的作用，要强化互联网思维，利用互联网扁平化、交互式、快捷性优势，推进政府决策科学化、社会治理精准化、公共服务高效化，用信息化手段更好感知社会态势、畅通沟通渠道、辅助决策施政，不断提高信息化条件下党的执政能力和领导水平。[1]

（四）增强科学发展本领

党的十九大报告指出，发展是解决我国一切问题的基础和关键，发展必须是科学发展。当前，我国经济已由高速增长阶段转向高质量发展阶段，正处在转变发展方式、优化经济结构、转换增长动力的攻关期。准确把握发展思路、发展方向和着力重点，关键要靠科学发展。新时代，广大党员干部要保持定力，善于贯彻新发展理念，不断增强科学发展本领，不断开创发展新局面。

科学发展本领，归根结底是用新的发展理念实现更好更快的发展，最终体现为破解发展难题的能力和本领。在上情与下情、宏观与

---

[1] 参见王英杰：《增强改革创新本领》，河北新闻网 2018 年 1 月 3 日。

> 兴党强党　砥砺前行

微观、内部与外部等多重约束条件下,如何探索最优的发展路径?如何实现党政决策与公众意愿的高度契合?如何解决经济发展与生态建设的现实矛盾?如何保障政策和制度落地生根?如何探索创新社会治理的新思路新方法?……这一切都考验着各级党员干部的本领,尤其是领导科学发展的本领。党员干部要避免出现"盲人骑瞎马,夜半临深池"的窘境,要保持高度的战略定力和发展自信,就必须增强科学发展本领,向科学发展要生产力、创造力、战斗力。

增强科学发展本领,要善于贯彻新发展理念。在新发展理念的有力指引下,近年来我国的发展面貌焕然一新。可以说,新发展理念,是针对中国特色社会主义进入新时代、经济发展进入新常态提出的治本之策,集中体现了新形势下我国的发展思路、发展方向,为我们破解发展难题、增强发展动力、厚植发展优势提供了战略指引。广大党员干部要坚定贯彻新发展理念,通过创新发展解决发展动力问题,通过协调发展解决发展不平衡问题,通过绿色发展解决人与自然和谐问题,通过开放发展解决发展内外联动问题,通过共享发展解决社会公平正义问题,不断开创发展新局面。[①]

(五)增强依法执政本领

党的十九大报告指出,全面依法治国是中国特色社会主义的本质要求和重要保障,也是国家治理的一场深刻革命,并强调必须把党的领导贯彻落实到依法治国全过程和各方面。党员干部尤其是各级领导干部,坚持法治思维,增强依法执政本领,是贯彻落实习近平新时代中国特色社会主义思想的重要一环。

增强依法执政本领重在制度治党。党的十九大报告强调,要坚持

---

① 参见《保持定力　增强科学发展本领》,《四川日报》2018年1月4日。

党的领导、人民当家作主和依法治国的有机统一。同时指出，领导干部要增强依法执政本领，加快形成覆盖党的领导和党的建设各方面的党内法规制度体系，加强和改善对国家政权机关的领导。制度治党就是要坚持党要管党，从严治党，用制度管党治党，扎紧制度的笼子。要坚持依法治国与依规治党相结合，针对存在的突出问题，查漏补缺，强化建章立制，完善党规党纪，推进长效机制建设。严格执行各项党内制度规定，决不能有令不行、有禁不止，决不能走形式、搞变通。要牢记，"保证和支持人民当家作主不是一句口号、不是一句空话，必须落实到国家政治生活和社会生活之中"①。

增强依法执政本领要坚守法治底线。各级领导干部要把党纪国法内化于心、外化于行，带头尊法学法守法用法，自觉筑牢拒腐防变的堤坝。要知敬畏、存戒惧、守底线，习惯在受监督和约束的环境中工作生活。办好中国的事情，关键在党，关键在党要管党、全面从严治党。关键是党的各级领导干部要自觉将自己的一言一行都纳入到宪法法律和党规党纪的约束之中。②

增强依法执政本领要培养法治思维。要善用法治思维谋划发展大计，勤用法治思维破解改革难题，真用法治思维维护社会稳定。当前，中国特色社会主义进入新时代，社会的主要矛盾已经转化为人民日益增长的美好生活需要和不平衡不充分的发展之间的矛盾。解决发展的不平衡不充分问题，要求各级党员干部必须始终抓牢发展这个牛鼻子，同时要善于运用法治思维、法治方式，增强依法执政、依法行政本领，为我国经济社会发展保驾护航。要在贯彻落实党中央重大发展战略部署上下功夫，做到令行禁止、政令畅通，不搞阳奉阴违、不

---

① 习近平：《在庆祝中国人民政治协商会议成立65周年大会上的讲话》，人民出版社2014年版，第12页。
② 参见《健全制度 增强依法执政本领》，《四川日报》2018年1月9日。

搞另起炉灶、不搞拍脑袋决策，让发展在法治的轨道上运行。

（六）增强群众工作本领

群众工作是凝聚起广大人民群众坚定不移跟党走，实现伟大历史使命的基础性工作。因此，党的十九大报告把增强群众工作本领作为全面增强执政本领八方面要求之一，提出"增强群众工作本领，创新群众工作体制机制和方式方法，推动工会、共青团、妇联等群团组织增强政治性、先进性、群众性，发挥联系群众的桥梁纽带作用，组织动员广大人民群众坚定不移跟党走"。

创新群众工作的体制机制，就要创新人民信访、群众来访、网上互访、领导干部下基层、责任追究等体制机制，使党员干部特别是领导干部更加及时地了解群众思想情绪的变化，更加全面系统准确掌握群众思想情绪的变化，把党的政策和主张迅速并原原本本地传达给基层群众，把基层群众的呼声、意见在第一时间、不打折扣地反映上来，并及时跟踪服务，以群众工作的体制机制创新，增强党对群众的凝聚力和吸引力。

创新群众工作方式方法，需要领导干部走好"网上群众路线"。新时代人民群众的新需要，对群众工作提出新要求，呼唤创新群众工作方式方法。要充分利用各类组织文化建设和网络文化建设，根据群众生产方式和生活方式的变化，以群众喜闻乐见的方式，与时俱进地把群众工作做细、做好、做活。互联网时代，创新群众工作方式方法集中体现在走好"网上群众路线"上。走好"网上群众路线"，不仅仅是在网上"看一看""听一听"，而且要在网上"说一说"，在网下"做一做"，并且将二者很好地结合起来，真正实现网上听民生与网下解民忧相统一。①

党的十九大报告不仅强调了党组织在群众工作中的主导地位，也突出强调了群团组织在群众工作中的桥梁纽带功能，并提出推动工会、共青团、妇联等群团组织增强政治性、先进性、群众性的根本要求，深刻回答了在新时代群团改革的目标和方向，群团组织要履行的职责和承担的使命。党员干部特别是领导干部要牢牢把握增强群团组织政治性、先进性、群众性的改革方向、桥梁纽带的职责定位、组织动员坚定不移跟党走的政治任务，在坚持党的集中统一领导前提下，领导和支持群团组织发挥独特优势、做好凝心聚力的工作，充分实现工会、共青团、妇联等组织在社会管理和组织、服务群众方面的作用，探索新时代群团组织工作的新路子，更好地促进广大人民群众自我教育和自我管理，形成群众工作的合力。

（七）增强狠抓落实本领

党的十九大报告指出："增强狠抓落实本领，坚持说实话、谋实事、出实招、求实效，把雷厉风行和久久为功有机结合起来，勇于攻坚克难，以钉钉子精神做实做细做好各项工作。"走进新时代、开启新征程，各级党员干部要切实增强狠抓落实的本领，不务虚功，夙兴夜寐，勤奋工作，把党中央各项决策部署落实落地。

我们党自成立以来，在革命、建设、改革各个历史时期，党和人民事业之所以能不断取得新成就，在群众中能够享有崇高威望，靠的就是把马克思主义基本原理同中国具体实际结合起来形成的正确的理论和路线方针政策，靠的就是全党同志团结带领群众一步一个脚印地把党的路线方针政策变成认识世界和改造世界的有效行动。我们的所

---

① 参见赵福生：《领导干部要增强群众工作本领》，《贵州日报》2018年3月20日。

有成就，都是干出来的，关键就在抓落实。如果落实抓得不好，再好的方针、政策、措施也会落空，再伟大的目标也实现不了。在今后的工作中，我们要坚持说实话、谋实事、出实招、求实效，把雷厉风行和久久为功结合起来，勇于攻坚克难，以钉钉子精神做实做细各项工作。

习近平总书记强调："抓落实的过程，必然会遇到许多矛盾和问题，只有努力解决好各种矛盾和问题，才能把落实工作真正抓好、抓出成效。"[①] 狠抓落实本领的关键是狠抓，要下功夫找到狠抓的着力点，把工作抓出成效。为政之要，重在实干；实干之要，重在落实。这就要求党员干部必须坚持真抓、敢抓、善抓、常抓。"真抓"体现工作态度，"敢抓"体现使命担当，"善抓"体现工作方法，"常抓"体现工作定力。增强狠抓落实本领，要拿出真抓的实劲、敢抓的狠劲、善抓的巧劲、常抓的韧劲，切实推动各项工作全部落实。

（八）增强驾驭风险本领

党的十九大报告提出："增强驾驭风险本领，健全各方面风险防控机制，善于处理各种复杂矛盾，勇于战胜前进道路上的各种艰难险阻，牢牢把握工作主动权。"当前，国内外形势正在发生深刻复杂变化，我国发展仍处于重要战略机遇期，前景十分光明，挑战也十分严峻。党员干部特别是领导干部必须增强驾驭风险本领，健全各方面风险防控机制，善于处理各种复杂矛盾，勇于战胜前进道路上的各种艰难险阻，牢牢把握工作主动权。

随着伟大事业不断向前推进，改革进入深水区，开放进入新境界，各种复杂性和不确定性陡然增加，各种新问题、新风险的出现概

[①] 《习近平谈治国理政》第三卷，外文出版社2020年版，第54页。

率陡然增加。党员干部特别是领导干部要充分认识到风险的现实性和严重性,由衷确立深切的忧患意识和责任意识、特别是领导责任意识,及早发现风险的蛛丝马迹,将风险消灭在萌芽状态;避免麻痹大意、让风险增大而陷入被动、遭风险伏击,杜绝心中无风险而客观上养痈遗患导致风险;确保能更加自觉抓早抓小、关口前移,在积危过程而非致害过程就作出积极反应、揪住关键、有效施治,为治理风险赢得先机主动,把风险的不确定性降到最低,把风险的可控性做到最大,这正是党员干部特别是领导干部驾驭风险的本领之源。

增强驾驭风险本领,要着重从五个方面做起:一是正确研判。面对复杂风险,先做情形梳理,科学分析特点和规律,正确区分敌我与是非,准确判断性质与趋势,摸准症结关键,分清轻重缓急,确保立场正确、反应妥当、应对恰切,避免发生大的错误。二是聚焦施治。以比较法、排除法迅速甄别、剔除那些影响抉择的干扰项,聚焦到更紧急重大的风险种类和部位,确定施治的主次先后和目标任务,确保有所为有所不为、用好力道、忙而不乱。三是果断行动。正确选用有效的预案和针对性强的方法,对准风险的要害,审时度势,采取措施,迅速行动,强力施治,挖除隐患,化解祸患;确保出手即得、一招制胜、快而无失。四是熟悉并善于运用风险管理的法律法规和科学知识,确保依法依规依科学来防范与化解风险。五是沉着坚强。面对任何风险,即使临界爆发,也要始终理性明智、沉着镇定,克服怯懦退避,防止惊慌失措,避免看错动错,确保有条不紊、稳健可靠、坚强有力、转危为安。

在新时代,党员干部特别是领导干部不仅要成为做好各项工作的先锋模范,还要成为复杂形势下有效应对和化解风险的中流砥柱。在风险治理上不仅要敢担当,勇于战胜前进道路上的各种艰难险阻,还要善于担当,善于驾驭风险,善于处理各种复杂矛盾,善于应对和消除威胁伟大事业的各种风险，确保风险防治抓实做好。

三、着力锤炼七种能力

在2020年秋季学期中央党校（国家行政学院）中青年干部培训班开班式上，习近平总书记发表重要讲话并强调，干部特别是年轻干部要提高政治能力、调查研究能力、科学决策能力、改革攻坚能力、应急处突能力、群众工作能力、抓落实能力，勇于直面问题，想干事、能干事、干成事。习近平总书记全面、系统的论述，精准概括出我们党当前应对复杂形势、完成艰巨任务的实践路径，为广大干部如何解决问题、破解难题指明方向。

（一）提高政治能力

在干部干好工作所需的各种能力中，政治能力是第一位的。有了过硬的政治能力，才能做到自觉在思想上政治上行动上同党中央保持高度一致，在任何时候任何情况下都能"不畏浮云遮望眼""乱云飞渡仍从容"。提高政治能力，首先要把握正确政治方向，坚持中国共产党领导和我国社会主义制度。在这个问题上，决不能有任何迷糊和动摇！这次抗击新冠肺炎疫情斗争的实践再次证明，中国共产党是风雨来袭时中国人民最可靠的主心骨，我国社会主义制度是抵御风险挑战的最有力制度保证。年轻干部必须坚守一条，凡是有利于坚持党的领导和我国社会主义制度的事就坚定不移做，凡是不利于坚持党的领导和我国社会主义制度的事就坚决不做！要不断提高政治敏锐性和政治鉴别力，观察分析形势首先要把握政治因素，特别是要能够透过现象看本质，做到眼睛亮、见事早、行动快。提高政治能力必须对党的政治纪律和政治规矩怀有敬畏之心。要自觉加强政治历练，增强政治自制力，始终做政治上的"明白人""老实人"。要注重提高马克思主义理论水平，学深悟透，融会贯通，掌握辩证唯物主义和历史唯物主义，掌握贯穿其中的马克思主义立场观点方法，掌握中国化的马克思主义，做马克思主义的坚定信仰者、忠实实践者。

（二）提高调查研究能力

调查研究是做好工作的基本功。一定要学会调查研究，在调查研究中提高工作本领。调查研究要经常化。要坚持到群众中去、到实践中去，倾听基层干部群众所想所急所盼，了解和掌握真实情况，不能走马观花、蜻蜓点水，一得自矜、以偏概全。对调研得来的大量材料和情况，要认真研究分析，由此及彼、由表及里。对经过充分研究、比较成熟的调研成果，要及时上升为决策部署，转化为具体措施；对尚未研究透彻的调研成果，要更深入地听取意见，完善后再付诸实施；对已经形成举措、落实落地的，要及时跟踪评估，视情况调整优化。

（三）提高科学决策能力

做到科学决策，首先要有战略眼光，看得远、想得深。领导干部想问题、作决策，一定要对国之大者心中有数，多打大算盘、算大账，少打小算盘、算小账，善于把地区和部门的工作融入党和国家事业大棋局，做到既为一域争光、更为全局添彩。要深入研究、综合分析，看事情是否值得做、是否符合实际等，全面权衡，科学决断。作决策一定要开展可行性研究，多方听取意见，综合评判，科学取舍，使决策符合实际情况。

（四）提高改革攻坚能力

面向未来，我们要全面推进党和国家各项工作，尤其是贯彻新发展理念、推动高质量发展、构建新发展格局，继续走在时代前列，仍然要以全面深化改革添动力、求突破。改革必须有勇气和决心，保持越是艰险越向前的刚健勇毅。要把干事热情和科学精神结合起来，使出台的各项改革举措符合客观规律、符合工作需要、符合群众利益。改革攻坚要有正确方法，坚持创新思维，跟着问题走、奔着问题去，准确识变、科学应变、主动求变，在把握规律的基础上实现变革创新。要尊重群众首创精神，把加强顶层设计和坚持问计于民统一起来，从生动鲜活的基层实践中汲取智慧。要注重增强系统性、整体性、协同性，使各项改革举措相互配合、相互促进、相得益彰。

（五）提高应急处突能力

预判风险是防范风险的前提，把握风险走向是谋求战略主动的关键。要增强风险意识，下好先手棋、打好主动仗，做好随时应对各种风险挑战的准备。要努力成为所在工作领域的行家里手，不断提高应急处突的见识和胆识，对可能发生的各种风险挑战，要做到心中有数、分类施策、精准拆弹，有效掌控局势、化解危机。要紧密结合应对风险实践，查找工作和体制机制上的漏洞，及时予以完善。

（六）提高群众工作能力

要坚持从群众中来、到群众中去，真正成为群众的贴心人。要心中有群众，时刻把群众安危冷暖放在心上，认真落实党中央各项惠民政策，把小事当作大事来办，切实解决群众"急难愁盼"的问题。要落实党中央关于逐步实现全体人民共同富裕的要求，带领群众艰苦奋斗、勤劳致富，在收入、就业、教育、社保、医保、医药卫生、住房等方面不断取得实实在在的成果。要注意宣传群众、教育群众，用群众喜闻乐见、易于接受的方法开展工作，提高群众思想觉悟，让他们心热起来、行动起来。要自觉运用法治思维和法治方式深化改革、推动发展、化解矛盾，维护社会公平正义。

（七）提高抓落实能力

干事业不能做样子，必须脚踏实地，抓工作落实要以上率下、真抓实干。特别是主要领导干部，既要带领大家一起定好盘子、理清路子、开对方子，又要做到重要任务亲自部署、关键环节亲自把关、落实情况亲自督查，不能高高在上、凌空蹈虚，不能只挂帅不出征。干事业就要有钉钉子精神，抓铁有痕、踏石留印，稳扎稳打向前走，过了一山再登一峰，跨过一沟再越一壑，不断通过化解难题开创工作新局面。①

在全面建成小康社会的基础上，我们要开启全面建设社会主义现代化国家新征程。在这个大有可为的新时代，干部特别是年轻干部要起而行之、勇挑重担，不断提高政治能力、调查研究能力、科学决策能力、改革攻坚能力、应急处突能力、群众工作能力、抓落实能力，为党和国家事业发展灌注源源不断的强大动力。

---

① 参见《习近平在中央党校（国家行政学院）中青年干部培训班开班式上发表重要讲话强调 年轻干部要提高解决实际问题能力 想干事能干事干成事》，中华人民共和国中央人民政府网站2020年10月10日。

第十一章 勇于自我革命——永葆先进政党的红色基因

中国共产党的伟大不在于不犯错误,而在于从不讳疾忌医,敢于直面问题,勇于自我革命,具有极强的自我修复能力。中国共产党在建党初期对党员和党的一些组织"思想不纯"以及"左"倾右倾错误进行自我革命,在长征途中对党和军队中存在的"左"倾冒险主义、张国焘分裂逃跑主义进行自我革命,在延安时期对党内存在的主观主义、教条主义、经验主义进行自我革命,到新中国成立后又开展了反贪污反浪费反官僚主义等一系列的自我革命。党的十八大以来全面从严治党,以刀刃向内的勇气向党内顽瘴痼疾开刀,更是把自我革命进行到底。百年来的筚路蓝缕、风雨沧桑、高歌猛进传承了勇于自我革命的红色基因,也造就出了一个永葆先进性的马克思主义政党。

一、自我革命是党最鲜明的品格

走过百年风雨征程,历经苦难与辉煌,中国共产党恰是风华正茂,愈发朝气蓬勃。回首党的奋斗历程,有危难之际的柳暗花明,有磨难面前的百折不回,有失误之后的拨乱反正。是什么让中国共产党永不僵化、永不停滞,不断展现新风采、新面貌?答案就是勇于自我革命。党的十九大报告指出:"勇于自我革命,从严管党治党,是我们党最鲜明的品格。"党的性质宗旨、初心和使命及其领导地位和执政地位决定了我们党自身必须始终过硬,必须以自我革命的精神推进新时代党的建设。

(一)马克思主义政党性质决定了党必须勇于自我革命

党的性质决定了党必须勇于自我革命。马克思、恩格斯在《共产党宣言》中庄严宣告:"过去的一切运动都是少数人的或者为少数人谋利益的运动。无产阶级的运动是绝大多数人的、为绝大多数人谋利益的独立的运动。"马克思主义政党的根本使命和远大理想是实现共产主义。这样的崇高使命和理想,揭示的是人类历史进步的发展规律,代表的是最广大人民的根本利益,彰显的是实现人的自由而全面发展的美好社会的价值追求。而实现这样的崇高使命和理想,是人类社会有史以来最雄伟、最壮丽的事业,也是最艰巨、最复杂的任务。这意味着客观世界和主观世界的不断改造,意味着生产力和生产关系、经济基础和上层建筑的不断变革,意味着人类社会新的历史、新的纪元的不断开辟,其内在逻辑前提就是进行最坚决、最彻底的革命。这也就是为什么列宁在评价马克思主义时强调它"在本质上是批判的和革命的"深刻道理所在。

在马克思主义政党所进行的革命之中,自我革命又是首当其冲的。马克思主义政党要保持先进性和纯洁性,就要同一切弱化先进性、损害纯洁性的问题作斗争,就要祛病疗伤,激浊扬清。中国共产党作为马克思主义政党,作为中国工人阶级同时作为中国人民和中华民族的先锋队,自然需要不断进行自我革命,同一切背离党的性质和宗旨、党的理想和目标的问题作斗争，以更好实现为人民谋利益谋幸福的历史使命。在百年来的风雨沧桑中，中国共产党用实际行动坚守了自我革命的初心、彰显了自我革命的品格、践行了自我革命的誓言。①

（二）党的初心和使命决定了党必须勇于自我革命

我们党作为一个马克思主义政党，始终把为中国人民谋幸福、为中华民族谋复兴作为自己的初心和使命。习近平总书记指出："做到不忘初心、牢记使命，并不是一件容易的事情，必须有强烈的自我革命精神。"②"忘记这个初心和使命，党就会改变性质、改变颜色，就会失去人民、失去未来。"③保持党的初心和使命不易。这要求我们党必须以自我革命的精神，不断检视自己，发现问题，正视问题，不掩饰缺点，不文过饰非，坚决同一切背离党的初心和使命的问题作斗争。

"胜人者有力，自胜者强。"能够战胜别人只能证明你有力量，能够战胜自己才是强者。我们开展"不忘初心、牢记使命"主题教育，也是自我战胜、保持党的先进性的重要举措，也是为了在新时代把党的自我革命推向深入。自我革命是刀刃向内的革命，是拿起手术刀给自己动手术。因此，自身既是变革的主体，也是变革的对象，是敢于直面自身存在的矛盾，革除自身的问题和不足，不断发展和完善自己。

党的自我革命永远在路上。新时代，影响全党不忘初心、牢记使

---

① 参见何毅亭：《论中国共产党的自我革命》，《学习时报》2017年7月24日。
② 习近平：《牢记初心使命，推进自我革命》，《求是》2019年第15期。
③ 习近平：《牢记初心使命，推进自我革命》，《求是》2019年第15期。

命的因素是多重的，来自国内外的各种重大风险挑战很多：全球动荡源和风险点增多，我国外部环境复杂严峻；改革发展稳定任务繁重，各种违背初心和使命、动摇党的根基的危险依然存在，防范化解重大风险的任务艰巨。面对这样的形势，必须看到，新时代党的建设任务是十分艰巨的。我们党如果不能与时俱进，就会落后于时代，先进性和纯洁性就会削弱。"天下之患，莫大于不知其然而然"，自我革命是我们党应对内外形势变化的必然要求。要兴党强党，永葆党的生机活力，就必须勇于自我革命，继续保持正视问题的自觉和刀刃向内的勇气，敢于刮骨疗伤，敢于壮士断腕，把党的伟大自我革命进行到底。①

（三）党的领导地位和执政地位决定了党必须勇于自我革命

中国共产党是中国特色社会主义事业的领导核心。坚持党的领导，必须长期执政。如何实现长期执政，是我们党必须回答好、解决好的重大课题。习近平总书记强调："越是长期执政，越不能丢掉马克思主义政党的本色，越不能忘记党的初心使命，越不能丧失自我革命精神。"②

我们党深知，要实现长期执政，必须破解兴衰治乱的历史性命题。堡垒最易从内部攻破，真正能打倒我们的只有我们自己。只有以强烈的自我革命精神，坚持不懈同自身存在的问题和错误作斗争，才能跳出历史周期率，筑牢自身堡垒，给自身输入源源不断的活力、动力。这体现了我们党把握历史规律的高超政治智慧。正是运用这一智慧，我们党建立起一整套自我革新的内部体制机制。特别是党的十八大以来，我们党直面管党治党宽松软问题，出台一系列准则、条例、

---

① 参见薛瑞汉：《在新时代把党的自我革命推向深入》，人民网 2019 年 11 月 28 日。
② 习近平：《牢记初心使命，推进自我革命》，《求是》2019 年第 15 期。

规范来严肃党内生活、加强党内监督，发挥巡视巡察利剑作用，不断提高排毒杀菌、强身健体的政治免疫力，全面从严治党成效卓著，党的自身建设大大加强，党的领导地位和执政地位进一步稳固。

不贵于无过，而贵于能改。中国共产党的伟大不在于不犯错误，而在于从不讳疾忌医，敢于直面问题，勇于自我革命，具有极强的自我修复能力。自我革命，意味着勇于坚持真理，随时修正错误；意味着不断提升自我，确保肌体的健康与活力。要兴党强党，就必须以自我革命精神打造和锤炼自己。只有努力在革故鼎新、守正出新中实现自身跨越，才能不断给党和人民事业注入生机活力。

二、我们党百年奋斗历程的经验结晶

在百年风雨历程中，中国共产党之所以能够不断发展壮大，根本原因就在于我们党保持了自我革命精神，始终坚持加强自身建设，不断革除自身病症，解决自身问题。可以说，坚持自我革命精神，坚持加强党的自身建设，是我们党取得伟大历史成就的一个重要历史经验。

当年的革命与建设，究其根本首先是中国共产党的自我革命。20世纪上半叶，中国共产党人带领中国社会进行了反帝反封建、争取民族独立和人民解放的伟大革命，20世纪中叶又开始了独立自主、自力更生建设社会主义的伟大革命。中国共产党成立初期对党员和党的一些组织思想不纯、组织不纯以及来自"左"、右两方面错误进行坚决斗争是自我革命，长征途中反对党和军队中存在的"左"倾冒险主义、张国焘分裂逃跑主义的斗争是自我革命，延安时期通过整风对党

第十一章　勇于自我革命——永葆先进政党的红色基因

内存在的主观主义、教条主义、经验主义进行坚决斗争是自我革命，新中国成立后开展的反贪污、反浪费、反官僚主义等同样是自我革命。正是在这样一系列自我革命中，中国共产党一次次转危为安、化危为机，不断地由小到大、由弱变强，带领中国人民从胜利走向胜利。

改革是中国共产党又一次自我革命。这场革命，既深刻改变了中国社会，深刻改变了中华民族，也深刻改变了中国共产党自身。从以阶级斗争为纲到以经济建设为中心，从封闭半封闭到全面对外开放，从计划经济到社会主义市场经济，40多年（原文为"近40年"）的改革开放充分体现了中国共产党对社会主义建设进程中形成的一些不适应现代化建设要求的思想观念、行为习惯与体制机制所作的自我革命。正是这样一次深刻的自我革命，中国共产党开始了带领中国人民建设中国特色社会主义的伟大征程，当之无愧成为中国特色社会主义伟大事业的领导核心。[①]

党的十八大以来，以习近平同志为核心的党中央推进全面从严治党，直面党内存在的突出问题，以刀刃向内的政治勇气向党内顽瘴痼疾开刀，以一抓到底的钉钉子精神把管党治党要求落细落实，都贯穿着强烈的自我革命精神，体现着我们党进行自我革命的坚定决心和坚强意志。从制定实施中央八项规定、转变作风到通过科学管理、严格监督和发挥巡视利剑作用切实管住权力，从反腐败无禁区、全覆盖、零容忍到扎紧不能腐的笼子、健全党和国家监督体系，从党的群众路线教育实践活动到"不忘初心、牢记使命"主题教育，从全面规范党内政治生活到着力营造风清气正的政治生态，中国共产党在刀刃向

[①] 参见何毅亭：《论中国共产党的自我革命》，《学习时报》2017年7月24日。

内、刮骨疗毒中不断解决自身存在的突出问题,刹住了一些过去被认为不容易刹住的歪风邪气,消除了党和国家内部存在的严重隐患,党的创造力、凝聚力、战斗力显著增强,党群关系明显改善,党在革命性锻造中更加坚强。①

正如毛泽东同志形象地指出的:"房子是应该经常打扫的,不打扫就会积满了灰尘;脸是应该经常洗的,不洗也就会灰尘满面。我们同志的思想,我们党的工作,也会沾染灰尘的,也应该打扫和洗涤。"② 历史不断证明,勇于自我革命是我们党永葆生机活力的动力源泉,是我们党在挫折和失误面前能够力挽狂澜、化险为夷、转危为安的奥秘所在。在新时代,要坚持和发展好中国特色社会主义,推进伟大事业,要求我们党必须以自我革命的精神推进新时代党的建设,不断提高党的建设质量,把党建设成为始终走在时代前列、人民衷心拥护、勇于自我革命、经得起各种风浪考验、朝气蓬勃的马克思主义执政党。

三、一以贯之推进新时代党的自我革命

当前,中国特色社会主义进入新时代,我们党正在进行具有许多新的历史特点的伟大斗争,形势环境变化之快、改革发展稳定任务之重、矛盾风险挑战之多、对我们党治国理政考验之大都前所未有。党要带领人民战胜各种风险挑战,实现中华民族伟大复兴的历史使命,必须更加自觉地弘扬将革命进行到底的精神,不断深化自我革命的历史进程。

---

① 参见《中国共产党自我革命的内在逻辑》,《人民日报》2019年9月17日。
② 《毛泽东选集》第三卷,人民出版社1991年版,第1096页。

第十一章 勇于自我革命——永葆先进政党的红色基因

（一）自我革命是我们党应对内外形势变化的必然要求

当前，我们党自身及党所面临的形势都发生了深刻复杂变化，自我革命是我们党应对内外形势变化的必然要求。

从我们党面临的外部形势来看，一是党和国家所处的历史方位发生了变化：中国特色社会主义进入新时代，我们已经站在一个新的历史起点上，正在进行具有许多新的历史特点的伟大斗争。二是我国社会主要矛盾发生了变化：已经由人民日益增长的物质文化需要同落后的社会生产之间的矛盾，转化为人民日益增长的美好生活需要和不平衡不充分的发展之间的矛盾。我国社会主要矛盾的变化是关系全局的历史性变化，对党和国家工作提出了许多新要求。三是党和国家面临的风险和挑战发生了变化：当前，国际形势波谲云诡，周边环境复杂敏感，改革发展稳定任务艰巨繁重，在政治、意识形态、经济、科技、社会、外部环境等领域存在一系列重大风险，党所面临的"四大考验""四种危险"严峻复杂。由于所处的历史方位、社会主要矛盾、面临的风险和挑战都发生了变化，我们党如果不能与时俱进，勇于自我革命，就会落后于时代，不能有效应对这些变化。

从我们党自身的情况开来看，一是党的规模发生了变化：截至2021年6月5日，中国共产党党员总数为9514.8万名，基层组织486.4万个，是世界第一大党。二是党组织的结构要素发生了变化：现在，中国共产党党员的性别、年龄、学历、职业等都与过去有了很大不同。比如，党员学历更高、年轻党员数量增多、党员思想状况更加复杂。三是党的领导方式发生了变化：从领导革命到开始执政再到长期执政，党的领导方式必然要随着时代的发展不断与时俱进。只有发扬自我革命精神，因势利导引领变化，有效克服思想理念、体制机制僵化等问题，自觉同安于现状、不思进取、不敢斗争、贪图享乐的现象作斗争，才能永葆先进性和纯洁性。

（二）自我革命要在坚定信仰信念中保持战略定力

对于中国共产党来说，要保持自我革命的战略定力，就一定要重视用理想信念强魂健魄。对马克思主义的信仰，对社会主义和共产主义的信念，是共产党人的政治灵魂，是共产党人经受住任何考验的精神支柱。中国共产党人越是信仰信念坚定，就越是敢于"抛掉自己身上的一切陈旧肮脏的东西"。当今中国，社会思潮日益多元多样，市场经济中的商品交换原则对社会政治生活的渗透很广，共产主义"渺茫论"和马克思主义"过时论"等在一些共产党员中仍有市场。这些都会对保持自我革命的定力造成一定的冲击。我们必须用好思想建党这个法宝，加强对全党的信仰信念教育，着力用习近平新时代中国特色社会主义思想这一马克思主义中国化最新成果教育全体党员干部。要建立不忘初心、牢记使命的制度，增强"四个意识"、坚定"四个自信"、做到"两个维护"，在思想上政治上行动上同以习近平同志为核心的党中央保持高度一致。精神上不缺"钙"了，自我革命的骨头、骨气就会硬起来。

（三）自我革命要有向顽瘴痼疾开刀的勇气

自我革命是刮骨疗毒、壮士断腕、再塑肌体，是拿起手术刀给自己动手术。这其中必然要触及深层次矛盾问题，必然要革除积存多年的顽瘴痼疾。环顾当今世界上的政党，唯有中国共产党有这份洞察自身问题的清醒和刀刃向内的勇气。这种勇气从哪里来？习近平总书记一语中的："我们党之所以有自我革命的勇气，是因为我们党除了国家、民族、人民的利益,没有任何自己的特殊利益。"① "不谋私利才能谋根本、谋大利,才能从党的性质和根本宗旨出发,从人民根本利益出发,检视自己;才能不掩饰缺点、不回避问题、不文过饰非,有缺点克服缺点,有问题解决问题,有错误承认并纠正错误。"② "不私,而天下自公。"作为马克思主义政党,人民立场是中国共产党的根本政治立场,以人民为中心是中国共产党事业发展的出发点和落脚处。我们党代表的是最广大人民的根本利益。党的宗旨是全心全意为人民服务,"全心全意"意味着不能有半点私心,不含有一点杂质。因而,对人民利益有益的,就毫不动摇地坚持;对人民利益不利的,就毫不犹豫地改正。正是这份大公无私,展现了共产党人特有的意志品格和精神气象,成就了我们党的非凡勇气。③

(四)自我革命要坚定不移紧抓"关键少数"

作为党和人民事业的组织者、参与者、推动者,特殊的岗位和职责决定了领导干部在全面从严治党方面的特殊作用。弘扬自我革命精神,必须牢牢抓住领导干部这个"关键少数",充分发挥领导干部以上率下、示范引领作用。党的各级领导干部尤其是高级干部一定要始终保持政治定力,站稳政治立场,自觉向党中央看齐,善于运用批评和自我批评这一有力武器,突出问题导向,敢于自我淘洗、剔除尘垢,为事业的推进凝聚力量;领导干部特别是一把手要主动上前、亲自过问、严格落实全面从严治党的部署要求,以身作则、率先垂范,带头从严要求自己,带头解决自身问题,要求别人做到的自己首先做

---

① 《十八大以来重要文献选编》(下),中央文献出版社 2018 年版,第 590 页。
② 《十八大以来重要文献选编》(下),中央文献出版社 2018 年版,第 590 页。
③ 参见曹平:《勇于自我革命是党最鲜明的品格》,《人民日报》2017 年 12 月 14 日。

到，要求别人改正的自己首先改到位，不能也不允许游离于管党治党的要求之外，更不能高高在上当官做老爷，逍遥自在乐于当甩手掌柜；要守土有责、守土负责、守土尽责，主动担负起管党治党的政治责任，深化落实全面从严治党的各项任务，不怕揭短亮丑，敢于纠错纠偏，坚持抓早抓小，严厉查处各种违纪违规现象，不断营造风清气正的政治生态和从政环境。唯有如此，才能在弘扬自我革命精神上形成强大合力，才能切实增强全党自我净化、自我完善、自我革新、自我提高的能力。①

（五）自我革命要在创新体制机制中提高能力水平

毛泽东同志在党的八届二中全会上指出："生产力是最革命的因素。生产力发展了，总是要革命的。"要看到，随着生产力发展带来的制度革命，必将极大推动体制机制创新；而每一次体制机制创新又将反过来推动进一步的革命，继续解放和发展生产力。自我革命也是同样的机理。中国共产党通过自我革命，不断地推进体制机制的创新，不断地促进制度的成熟与定型。反过来，体制机制的创新又为中国共产党啃硬骨头、涉深水区，进一步自我革命提供了保障，从而也提高了自我革命的能力与水平。近年来，中国共产党大力破除体制机制桎梏，不断推进体制机制创新，着力在各个方面建立比较成熟的制度体系，极大地提升了在推进国家治理体系和治理能力现代化方面的自我革命能力，提升了在统筹推进"五位一体"总体布局和协调推进"四个全面"战略布局中的自我革命能力，就是最具说服力的明证。②

能胜强敌者，先自胜者也。"没有什么外力能够打倒我们，能够打倒我们的只有我们自己。"前途命运掌握在我们自己手上。今天，

---

① 参见倪洋军、桑怡：《党员干部要"勇于自我革命"》，东方网 2017 年 2 月 20 日。
② 参见何毅亭：《论中国共产党的自我革命》，《学习时报》2017 年 7 月 24 日。

面对复杂的国际国内形势和繁重的改革发展稳定任务，只要全党紧密团结在以习近平同志为核心的党中央周围，勇于自我革命，持续深化自我革命，我们就一定能够在进行具有许多新的历史特点的伟大斗争中不断实现党的自身建设和各项事业的新发展新超越，向着强党强国的目标奋勇前进。

第十二章 坚守初心使命——涵养使命政党的精神气象

中国共产党人的初心和使命,就是为中国人民谋幸福,为中华民族谋复兴。不忘初心,方得始终,初心和使命是激励中国共产党人不断前进的根本动力。正是因为始终坚守初心和使命,我们党在危难之际绝处逢生,在挫折之后毅然奋起,在失误之后拨乱反正,在磨难面前百折不挠,推动党和国家事业不断创造辉煌。我们党要在一代又一代的接续奋斗中团结带领全国各族人民实现中华民族伟大复兴的中国梦,必须把不忘初心、牢记使命作为加强党的建设的永恒课题和全体党员、干部的终身课题,涵养使命政党的风范担当与精神气象。

一、不忘初心,永葆共产党人的蓬勃朝气

一切向前走,走得再远,也不能忘记为什么出发。初心,就是当初出发的目的和目标,即为了什么出发、所要到达的目标或所要完成的任务是什么。2016年7月,在庆祝中国共产党成立95周年大会上,习近平总书记提出并从八个方面深入阐述了"坚持不忘初心、继续前进"的深刻内涵。"为中国人民谋幸福,为中华民族谋复兴",是党的十九大报告对中国共产党人的初心和使命的集中概括和明确表述。同时,习近平总书记在党的十九大报告中,把"朝气蓬勃"作为党的建

设的五个目标之一。现在,中国共产党已走过百年历程,广大党员要始终保持这种朝气蓬勃的精神状态,带领全国各族人民实现党的历史使命,就要做到不忘初心、铭记初心。

(一) 不忘初心,是由党的性质和宗旨决定的

中国共产党是马克思主义指导的无产阶级政党,代表着无产阶级和广大人民群众的利益,除了人民群众的利益以外,没有自己的特殊利益,其宗旨是全心全意为人民服务。正如《共产党宣言》讲的,共产党领导的"无产阶级的运动是绝大多数人的、为绝大多数人谋利益的独立的运动"。这是我们的事业和过去一切其他阶级、政党事业的根本不同之处。这样一种为绝大多数人奋斗的、无私的价值取向,会产生巨大的力量,推动着共产党人英勇奋斗、不顾一切,甚至牺牲自己的生命。这样的宗旨也使党有明确的前进方向和目标,正如习近平总书记所讲的,"人民对美好生活的向往,就是我们的奋斗目标"。也因此,邓小平同志说,我们"把人民满意不满意,人民答应不答应,作为衡量一切工作的标准"。正因为我们的事业真正是人民群众自己的事业,所以会得到千百万人民群众的拥护和支持,使他们愿意团结在党周围一起奋斗;正因为党生活在人民群众当中,就像鱼生活在水里面一样,所以无论环境怎么艰苦,共产党人都能够战胜。人民群众的拥护和支持是党发展壮大的根本原因和力量源泉,这是由党的性质、党全心全意为人民服务的宗旨决定的。[①]

中国共产党以全心全意为人民服务作为根本宗旨,坚持以人民为中心,坚持人民至上,坚持人民情怀,坚持人民立场,坚持人民主体地位。一句话,不忘初心,就是不忘我们党对人民的赤子之心。今

---

① 参见杨鹏峰:《中国共产党如何不忘初心、继续前进——专访北京大学马克思主义学院教授闫志民》,《人民论坛》2016 年第 19 期。

天，我们党之所以强调不忘初心，是因为有些党员干部已经丢了魂、失了根、忘了本。坚持不忘初心，就是要强调人民立场是中国共产党的根本政治立场，是马克思主义政党区别于其他政党的显著标志；就是要尊重人民主体地位，坚持全心全意为人民服务的根本宗旨，实现好、维护好、发展好最广大人民的根本利益，不断满足人民日益增长的美好生活需要。

（二）不忘初心，就是不忘共产党人的初衷

初衷，涉及"出发点"，就是干事业从什么出发、为什么出发。这就涉及干事业的初衷和目的。中国共产党的成立，是马克思列宁主义同中国工人运动相结合的产物。就中国共产党成立的初衷和目的来讲，一是坚定马克思主义信仰，二是改变中国人民和中华民族的命运，三是实现国家富强、民族振兴、人民幸福，四是为实现共产主义远大理想而奋斗。指导思想是一个政党的精神旗帜。中国共产党成立之初，就坚持以马克思主义为指导。百年来，中国共产党之所以能够完成近代以来各种政治力量不可能完成的艰巨任务，就在于始终把马克思主义这一科学理论作为自己的行动指南，并坚持在实践中不断发展马克思主义。我们党之所以能够经受一次次挫折而又一次次奋起，归根到底是因为我们党有远大理想和崇高追求。一句话，不忘初心，就是不忘坚定马克思主义信仰，不忘实现国家富强、民族振兴、人民幸福的奋斗目标，不忘实现共产主义远大理想。[①]

（三）不忘初心，就是不忘党的光荣历史

我们党由小到大，由弱变强，领导全国各族人民，历经千锤百炼，以实际行动和辉煌业绩赢得群众拥护和信赖；是中国共产党领导

---

① 参见韩庆祥：《"不忘初心"的哲学阐释》，《经济日报》2016年7月7日。

第十二章 坚守初心使命——涵养使命政党的精神气象

全国各族人民经过艰苦卓绝的斗争，推翻了"三座大山"，建立了社会主义新中国，结束了国家四分五裂、任人宰割的局面，从根本上改变了一穷二白的落后面貌；中国共产党在世界社会主义运动处于低潮之时，顶住压力，发挥中流砥柱作用，使社会主义中国巍然屹立于世界的东方。党的百年历史证明，我们党是坚持马克思主义基本原理与中国具体实际相结合，不断开拓创新推动历史前进的党；是诚心诚意服务于人民，为振兴中华不懈奋斗，实现繁荣昌盛，使中国面貌发生翻天覆地变化的党；是不断经受挫折和考验，为了人民利益和人类进步事业，不断锤炼和提升自己，始终保持生机和锐气，巍然屹立于历史潮流前列的党；更是致力于中华民族伟大复兴中国梦的党。全体共产党员只有不忘党的光荣历史，不忘入党初心，并为此而骄傲，为之而自豪，才能进一步增强对党的事业的信心，坚定不移永远跟党走。

（四）不忘初心，就要传承党的伟大精神和优良传统作风

百年来，我们党之所以保持旺盛的生命力，源于其强大的精神内核和优良的传统作风。中国共产党的宗旨是全心全意为人民服务，从诞生之日起就建立了与人民群众的血肉联系，依靠人民群众完成不同历史阶段赋予的目标任务。党在长期实践中，形成了理论联系实际、密切联系群众、批评和自我批评、民主集中制、艰苦奋斗等优良传统和作风。正是凭借这些优良传统和作风，实现了"星星之火可以燎原"的理想。在百年奋斗历程中，党还培育形成了一系列富有时代印记的伟大精神，如红船精神、井冈山精神、长征精神、延安精神、西柏坡精神、大庆精神、航天精神、改革创新精神等。在为共产主义理想奋斗的历程中，共产党员身上呈现出的敢于牺牲、勇于担当、坚韧不拔、奋勇向前、无比忠诚、团结一心的精神，成为革命、建设、改革事业不断前进的有力保证。这些精神和传统，我们有责任、有义务

继承下来、传承下去，融化在血液中，激励自己跨沟壑、攀高峰、征远途。

（五）不忘初心，方能继往开来

展望新时代，在全面建成小康社会、实现第一个百年奋斗目标的基础上，共产党人的初心和使命将深入贯穿第二个百年奋斗目标的各个阶段，继续引领党和人民事业发展。纵观党的历史，中国共产党在革命、建设、改革中积累了丰富的经验教训，在改革开放以来特别是党的十八大以来取得了历史性变革，为新时代发展提供了有益借鉴、奠定了坚实基础。现在，我们站到了新的历史方位，比以往任何时期更接近、更有信心和能力实现初心和使命。只要我们永不背离党的初心和使命，并始终将之融入新时代发展的全过程，贯穿到各个环节、各个方面，不畏艰难困苦、不断攻坚克难、不懈奋斗进取，中华民族伟大复兴的中国梦一定能如期实现。

靡不有初，鲜克有终；不忘初心，方得始终。初心是起点时心怀的承诺与信念，是困境时履行的责任与担当。中国共产党对初心与使命的坚守，犹如航船之舵、奔马之衔，始终在正确的道路上前进。同时，也警醒和激励着全体党员坚定理想信念，以朝气蓬勃的精神状态，脚踏实地完成各项工作或任务。我们相信，只要全党同志保持这种坚守，党就会永葆朝气活力，直到实现党的最高理想。

二、牢记使命，做新时代先锋模范

实现中华民族伟大复兴是近代以来中华民族最伟大的梦想，实现这个伟大梦想是中国共产党自成立以来就肩负的历史使命。党的十九大报告全面总结了我们党为实现中华民族伟大复兴作出的贡献和走过的历程，科学分析了新时代实现中华民族伟大复兴的现实基础和面临的形势，明确提出了新时代实现中华民族伟大复兴的新要求、新战略，体现出强烈的使命意识、勇毅的使命担当、坚定的使命自信。广大党员务必牢记历史使命，不负人民重托，无愧历史选择，书写出更加精彩的华章。

（一）始终牢记历史使命，我们党从新起点踏上新征程

回顾近代以来的中国历史，正是有了中国共产党，才改变了中国人民的命运，创造了中华民族新辉煌。实践充分证明，中国共产党是民族复兴使命的合格担当者，只有中国共产党才能带领人民实现中华民族伟大复兴的梦想。今天，我们比历史上任何时期都更接近、更有信心和能力实现中华民族伟大复兴的目标。但是，行百里者半九十。中华民族伟大复兴，绝不是轻轻松松、敲锣打鼓就能实现的，全党必须准备付出更为艰巨、更为艰苦的努力，必须不忘初心，牢记使命。

不忘初心，牢记使命，既是历史的经验，也是历史的教训。为了实现中华民族伟大复兴，我们党无论是弱小还是强大，无论是顺境还是逆境，始终初心不改、矢志不渝，团结带领人民历经千难万险，付出巨大牺牲，敢于面对曲折，勇于修正错误，攻克了一个又一个看似不可攻克的难关，创造了一个又一个彪炳史册的人间奇迹。相反，第一个走上执政地位的苏联共产党，却因为长期脱离群众、未能有效解决人民利益需求，自身管党不严、官僚作风和特权盛行，及至推行所谓"人道的、民主的社会主义"改革、完全背离科学社会主义正确轨道，最终丧失人民群众信任与支持、不得不黯然下台。正反两方面兴衰成败的经验教训表明：一个牢记初心和使命的党，必定能走出辉煌的旅途；一个背离初心和使命的党，必然写不出灿烂的篇章。

我们党已经站在新的历史起点上。历经革命、建设和改革，我们

> 兴党强党　砥砺前行

已经积累起实现中华民族伟大复兴的坚实基础和充分条件，已经凝聚起全体中华儿女勠力同心、一往无前的中国精神和中国力量。中国特色社会主义经过40多年改革开放的大踏步前进，特别是党的十八大以来取得历史性成就和发生历史性变革，已经进入了新时代、处于新的历史方位，我国社会主要矛盾已经转化为人民日益增长的美好生活需要和不平衡不充分的发展之间的矛盾。立足新起点，我们党必须牢记使命，按照习近平总书记带领中共中央政治局常委瞻仰上海中共一大会址和浙江嘉兴南湖红船时所要求的，铭记一大会址是中国共产党的"产床"，大力弘扬"红船精神"，不能忘记来时的路。

我们党已经踏上新的历史征程。从党的十九大到二十大，是"两个一百年"奋斗目标的历史交汇期。我们既要全面建成小康社会，又要乘势而上开启全面建设社会主义现代化国家新征程。综合分析国际国内形势和我国发展条件，党的十九大对2020年以后的30年，分两个阶段作出战略安排，即前15年基本实现社会主义现代化、后15年全面建成富强民主文明和谐美丽的社会主义现代化强国。① 战略宏图绘就，中华民族伟大复兴的美好前景展现在我们面前，中国特色社会主义道路无比广阔的时代舞台在我们脚下铺就。我们必须登高望远、居安思危，勇于变革、勇于创新，永不僵化、永不停滞，排除万难去争取胜利，为新时代党和国家事业开启新征程、续写新篇章奠定坚实的基础。

（二）在更好履行历史使命中勇做时代先锋模范

肩扛使命从历史深处走来，牢记使命不能有半点懈怠，我们党当前要聚力完成历史使命，必须按照新时代提出的新要求统揽伟大斗

---

① 参见商志晓：《新时代中国共产党的历史使命》，《求是》2017年第24期。

第十二章 坚守初心使命——涵养使命政党的精神气象

争、伟大工程、伟大事业、伟大梦想,并使之紧密贯通联结起来。党的十九大把伟大斗争、伟大工程、伟大事业、伟大梦想作为一个统一整体提出来,是一个重大理论创新,使我们党对自身肩负的历史使命的认识达到新的高度。实现新时代党的历史使命,要求广大党员、干部牢固树立"四个意识",用习近平新时代中国特色社会主义思想武装头脑、指导实践、推动工作,在推进"四个伟大"中勇做先锋模范。

在进行伟大斗争中勇做先锋模范。当前,我们党正在进行具有许多新的历史特点的伟大斗争。党员、干部在进行伟大斗争中勇做先锋模范,就要更加自觉地坚持党的领导和中国特色社会主义制度,同一切削弱、歪曲、否定党的领导和中国特色社会主义制度的言行作斗争;就要更加自觉地维护人民利益,同一切损害人民利益、脱离群众的行为作斗争;就要更加自觉地投身改革创新时代潮流,同一切影响和制约经济社会持续健康发展的顽瘴痼疾作斗争;就要更加自觉地维护我国主权、安全、发展利益,同一切分裂祖国、破坏民族团结和社会和谐稳定的行为作斗争;就要更加自觉地防范各种风险,同一切在政治、经济、文化、社会等领域和自然界出现的困难和挑战作斗争,发扬斗争精神、提高斗争本领,不断夺取伟大斗争新胜利。

在建设伟大工程中勇做先锋模范。坚持不懈推进党的建设新的伟大工程,坚定不移推进全面从严治党,是实现新时代党的历史使命的根本保证。党员、干部在建设伟大工程中勇做先锋模范,就要牢记党的宗旨,挺起共产党人的精神脊梁,自觉做共产主义远大理想和中国特色社会主义共同理想的坚定信仰者和忠实实践者;就要牢牢把握新时代党的建设总要求,更加自觉地坚定党性原则,牢固树立政治意识、大局意识、核心意识、看齐意识,坚决维护党中央权威和集中统一领导;就要勇于直面问题,坚持严起来实起来,坚决同个人主义、分散主义、自由主义、本位主义、好人主义,同宗派主义、圈子文化、码头文化作斗争,做合格党员、合格干部;就要全面增强学习本领、政治领导本领、改革创新本领、科学发展本领、依法执政本领、群众工作本领、狠抓落实本领、驾驭风险本领,更加坚定自觉地为实现党的历史使命而奋斗。

在推进伟大事业中勇做先锋模范。推进中国特色社会主义伟大事业,为的是实现社会主义现代化,创造人民美好生活,把民族复兴光明前景变成美好现实。党员、干部在推进伟大事业中勇做先锋模范,就要深入理解和把握习近平新时代中国特色社会主义思想的科学内涵、精神实质、实践要求,深刻认识这一伟大思想是马克思主义中国化最新成果,是马克思主义基本原理同中国具体实际相结合的又一次飞跃;就要不断增强道路自信、理论自信、制度自信、文化自信,既不走封闭僵化的老路,也不走改旗易帜的邪路,坚定不移走中国特色社会主义道路;就要深刻认识新时代对坚持和发展中国特色社会主义提出的新要求,顺应我国社会主要矛盾发生的新变化,准确把握实现"两个一百年"奋斗目标新的战略安排,统筹推进"五位一体"总体布局,协调推进"四个全面"战略布局,努力创造经得起实践、人民、历史检验的新业绩。

在实现伟大梦想中勇做先锋模范。实现中华民族伟大复兴的中国梦,为推进伟大斗争、伟大工程、伟大事业引航导向,是实现新时代党的历史使命的根本任务。党员、干部在实现伟大梦想中勇做先锋模范,就要深刻理解中华民族伟大复兴中国梦的基本内涵是实现国家富强、民族振兴、人民幸福,实现这一梦想必须走中国道路、弘扬中国精神、凝聚中国力量;就要深刻理解实现"两个一百年"奋斗目标和中华民族伟大复兴中国梦的内在联系,贯通理解、协同推进伟大斗争、伟大工程、伟大事业、伟大梦想。理解肩负伟大历史使命、勇做时代先锋模范人人有份、人人有责。党员、干部要以更加昂扬的精神状态、更加强烈的责任担当,在坚持和发展中国特色社会主义的伟大实践中建功立业、创造辉煌。①

三、把不忘初心、牢记使命作为加强党的建设的永恒课题

习近平总书记在"不忘初心、牢记使命"主题教育总结大会上指出:"不忘初心、牢记使命,必须作为加强党的建设的永恒课题和全体党员、干部的终身课题常抓不懈。"坚守初心和使命不是一阵子的事,而是一辈子的事。在新时代长征路上,必须把不忘初心、牢记使命作为加强党的建设的永恒课题常抓不懈,形成不忘初心、牢记使命长效机制,把我们党建设得更加坚强有力。

(一)持续推动全党不忘初心、牢记使命

办好中国的事情,关键在党。今天,我们党已经是一个有着9500多万名党员、480多万个基层党组织的党,是一个在14亿多人口的大国长期执政的党,是中国特色社会主义事业的坚强领导核心,党的自身建设关系重大、决定全局。习近平总书记强调:"全党要以这次主题教育为新的起点,不断深化党的自我革命,持续推动全党不忘初心、牢记使命。"②

当今世界正经历百年未有之大变局,我国正处于实现中华民族伟大复兴关键时期,我们党正带领人民进行具有许多新的历史特点的伟大斗争,形势环境变化之快、改革发展稳定任务之重、矛盾风险挑战

---

① 参见杨振武:《勇做时代先锋模范 更好履行历史使命》,《大众日报》2017年12月7日。
② 习近平:《在"不忘初心、牢记使命"主题教育总结大会上的讲话》,新华网2020年1月8日。

兴党强党　砥砺前行

之多、对我们党治国理政考验之大前所未有。同时,在长期执政条件下,各种弱化党的先进性、损害党的纯洁性的因素无时不有,各种违背初心和使命、动摇党的根基的危险无处不在。在"不忘初心、牢记使命"主题教育总结大会上,习近平总书记深刻指出了存在的问题,主要是:有的领导干部理论学习不深、不透、不系统,学用脱节,运用党的创新理论推动工作的能力不足;有些问题的整改还没有到位,一些深层次矛盾和问题还没有从根本上破解;有的基层党组织建设还比较薄弱,联系服务党员、群众的机制还不够健全顺畅;有的地方仍然存在形式主义、官僚主义,急于求成、急功近利,增加基层负担,如此等等。因此,党的自我革命仍然任重而道远,决不能有停一停、歇一歇的想法,必须持续推动全党不忘初心、牢记使命。[①]

不忘初心、牢记使命,说到底是为什么人、靠什么人的问题。以百姓心为心,与人民同呼吸、共命运、心连心,是党的初心,也是党的恒心。中国共产党创立时的初心是什么?就是对人民的赤子之心、为绝大多数人谋利益之心。中国共产党之所以能够始终成为领导中国革命、建设、改革事业的核心力量,能够完成近代以来各种政治力量不可能完成的艰巨任务,就在于我们党始终保持建党时中国共产党人的奋斗精神,始终保持对人民的赤子之心。我们党来自人民、植根人民、服务人民,党的根基在人民、血脉在人民、力量在人民,必须始终与人民心心相印、与人民同甘共苦、与人民团结奋斗。党的十八大以来,党和国家事业之所以取得历史性成就、发生历史性变革,同我们党大力发扬自我革命精神、坚定不移全面从严治党是分不开的。正是因为我们党勇于自我革命、全面从严治党,我们党才始终做到不忘初心、牢记使命,始终保持同人民群众的血肉联系,从而得到人民群

---

① 参见《持续推动全党不忘初心牢记使命》,《人民日报》2020年1月30日。

众的衷心拥护和大力支持。不忘初心方能行稳致远,牢记使命才能开辟未来。我们要通过持续推动全党不忘初心、牢记使命,筑牢信仰之基,补足精神之钙,把稳思想之舵,让信仰之光照亮前行的路,用精神之钙强筋壮骨,以思想之舵引领前进的方向。我们党作为百年大党,只有持续不断推动不忘初心、牢记使命,才能不断深化自我革命,始终与人民同呼吸、共命运、心连心,以永不懈怠的精神状态和一往无前的奋斗姿态,继续朝着实现中华民族伟大复兴的宏伟目标奋勇前进。

(二)把不忘初心、牢记使命作为加强党的建设的永恒课题

现实中,一些党员、干部之所以能为党和人民的事业鞠躬尽瘁、作出重大贡献,就在于其不忘初心、牢记使命;一些党员、干部之所以滑入违纪违法的深渊,从根本上讲就是背弃了初心和使命。因此,我们必须把不忘初心、牢记使命作为加强党的建设的永恒课题和全体党员、干部的终身课题。既然是永恒课题和终身课题,就必须常抓不懈,坚持融入日常、抓在经常,防止和克服紧一阵松一阵、表面化形式化等现象。要通过常抓抓出习惯,通过耐心抓抓出长效,通过细心抓抓出实效。

把不忘初心、牢记使命作为加强党的建设的永恒课题和全体党员、干部的终身课题,关键要在制度上下功夫。党的十九届四中全会把建立不忘初心、牢记使命的制度,作为坚持和完善党的领导制度体系的第一任务,这是确保我们党在新时代新征程始终充满蓬勃生机和旺盛活力的战略之举、长远之计。

建立不忘初心、牢记使命的制度,要坚持以理论滋养初心、以理论引领使命,把习近平新时代中国特色社会主义思想作为主线贯穿其中,同时为学习贯彻习近平新时代中国特色社会主义思想提供坚实保

证。要完善党委（党组）理论学习中心组学习、专题培训、集中轮训等制度，完善贯彻落实习近平总书记重要讲话、重要指示批示工作机制，推动学习贯彻习近平新时代中国特色社会主义思想往深里走、往实里走、往心里走，引导广大党员、干部做习近平新时代中国特色社会主义思想的坚定信仰者和忠实实践者。

建立不忘初心、牢记使命的制度，要用党的初心和使命感召人、引领人，加强理想信念教育和对党忠诚教育，传承红色基因。要健全党章学习教育制度，把党章规定落实到党的全部活动中。完善经常性党性教育机制，落实主题党日制度，完善重温入党誓词、党员过"政治生日"等政治仪式，就近就便用好红色资源、党性教育基地等，教育引导党员、干部树立正确世界观、人生观、价值观。加强党史、新中国史、改革开放史、社会主义发展史教育，开展革命传统教育和形势政策教育，引导党员、干部知史爱党、知史爱国。

建立不忘初心、牢记使命的制度，要把党的初心和使命作为新时代共产党人的行为准则，以自我革命精神检视整改违背初心使命的各种问题。要建立"政治体检"制度，组织党员、干部经常同党中央要求"对标"，拿党章党规"扫描"，用人民群众新期待"透视"，同先辈先烈、先进典型"对照"，在思想上政治上不断进行检视、剖析、反思，不断去杂质、除病毒、防污染。[①] 落实"三会一课"制度、民主生活会制度、组织生活会制度、谈心谈话制度、党员党性分析制度、党员民主评议制度等党内政治生活制度，经常性地开展批评和自我批评，不断增强政治免疫力。要完善遵守纪律规矩的制度，教育引导党员、干部知敬畏、存戒惧、守底线，习惯在受监督和约束的环境中生活。

---

① 参见仲祖文：《把不忘初心、牢记使命作为加强党的建设的永恒课题和全体党员、干部的终身课题常抓不懈》，《求是》2020年第13期。

需要指出的是，建立不忘初心、牢记使命的制度，既不能大而全也不能小而碎，不能"牛栏关猫"也不能过于烦琐。同时，要健全权威高效的制度执行机制，加强对制度执行的监督，推动不忘初心、牢记使命的制度落实落地，坚决杜绝做选择、搞变通、打折扣的现象，从而持续推动全党不忘初心、牢记使命。